U0614519

棒棰岛·「金苹果」文艺丛书

车培晶

CHE PEIJING

滕贞甫　主编

大连出版社

DALIAN PUBLISHING HOUSE

© 滕贞甫 2015

图书在版编目（CIP）数据

车培晶 / 滕贞甫主编. —大连：大连出版社，2015.12（2024.8 重印）
（棒棰岛·"金苹果"文艺丛书）
ISBN 978-7-5505-1002-9

Ⅰ.①车… Ⅱ.①滕… Ⅲ.①车培晶—生平事迹
Ⅳ.① K825.6

中国版本图书馆 CIP 数据核字 (2015) 第 294408 号

策划编辑：张　波
责任编辑：金　琦
装帧设计：蓝瑟传媒（大连）有限公司
责任校对：彭艳萍
责任印制：刘正兴

出版发行者：大连出版社
　　地址：大连市西岗区东北路 161 号
　　邮编：116016
　　电话：0411-83620573/83620245
　　传真：0411-83610391
　　网址：http://www.dlmpm.com
　　邮箱：dlcbs@dlmpm.com
印　刷　者：三河市双升印务有限公司

幅面尺寸：170mm×230mm
印　　张：10
字　　数：116 千字
出版时间：2015 年 12 月第 1 版
印刷时间：2024 年 8 月第 2 次印刷
书　　号：ISBN 978-7-5505-1002-9
定　　价：68.00 元

车培晶

1956年10月生于大连，祖籍山东牟平。下过乡，做过教师、杂志编辑、电视记者、动画企管等，专事儿童文学创作，作品广受小读者喜爱，迄今出版童书几十种，写有六十集儿童剧《快乐的同桌》在央视播出。作品曾获多项国家、省部级奖励。为中国作家协会会员，辽宁省作家协会理事，辽宁儿童文学会副会长，大连作家协会儿童文学创作委员会主任，一级作家。

目录 Contents

苦乐人生

是父母的宽容造就了我无羁的童年，使我那些毫无章法的奇想异梦犹如爬山虎般肆意攀缘。多少年来，我写童话也好，写小说也好，写剧本也好，大大小小每件作品里都鲜明地印有我童年的胎记。童年——我文思的故乡，想象力的发源地。

我在这个世界上选择了自己的世界

我站在星空下

感到世界在爬，

出入我的大衣，

如出入一只蚁窝。

——特朗斯特罗姆

　　对于我，儿童文学如同贝加尔湖，广阔无垠，水深难料，我则像一叶小舟。自1984年发表处女作起，小舟在湖中已寻寻觅觅行走了三十二个春秋。

　　媒体记者做采访时常问起：你是怎么爱上为儿童写作的？我一般从三方面回答：一、与我做过十三年初中教师有关系；二、与我女儿的幼年有关系，那时天天晚上给她讲故事听，书上的故事讲没了，就临时编一个，后来萌发了写出来的念头；三、与我的恩师滕毓旭先生有关系，他垂爱我，携我到达这片湖。这样回答是正确的，然而，随着阅历增长，又觉得不够彻底，后来又加上一条：天性是我持久为儿童写作的内力。

我这人，皮壳老气横秋，内瓤装满了

1999年，与恩师滕毓旭先生合影

孩子气——简单、直白、真实、好奇、想入非非……这些儿童的特质并未随年龄增长而消减，反而愈发顽固、葱茏。1977年冬季，参加"文革"后首次全国高考被大连师范学校录取，我高兴异常，考友却不屑：读师范将来当孩子王，有啥出息？我不以为然，欣然前往，在后来当孩子王的日子里干得有滋有味。这是天性使然。日常我也是，说话说简单直白的，交友交简单直白

1991年，在大连第五十二中学做教师时新年晚会上为学生表演口技

1989年，获沙河口区优秀教师称号

的——对于乖滑、善事权贵的人我会敬而远之；我恐惧复杂的人际关系，唾弃人群中的狗苟蝇营、尔虞我诈；我愿意把每个人都想象得很好，愿意看见一个清澈见底的世界。一般来说，这种天性在人群里不安全，可它却成全了我——它使我不怕孤独，与世俗保持适当的距离，看世界的角度与他人不同，去掉虚伪与烦琐，单纯地去关注小孩子的事情。

瑞典儿童文学作家阿斯特丽德·林格伦被授予瑞典文学院金质大奖章时，颁奖的院士在致辞中评价她说："您在这个世界上选择了自己的世界，这个世界是属于儿童的，他们是我们当中的天外来客，而您，似乎有着特殊的能力和令人惊异的方法认识和了解他们。"在这里引用这段话，不是说我有阿斯特丽德·林格伦一样的能耐，而是说我和她一样，在这个纷攘的世界上选择了自己的一隅，并为此陶醉。

童年，我的文学发源地

我出生在大连，祖籍是山东牟平。祖母为北京人——她当初如何从京城远嫁胶东我一直模糊，我只清楚我的祖父是个斗大字不识一个的佃农，供我父亲念了四年书。20世纪30年代初，十五岁的父亲挣脱了土地外出谋生，那时祖父已离世。文弱的父亲先去了青岛，后来到大连，又将祖母和叔父从老家接过来，我们就成了大连人。那时候日本人刚投降，大连市区内空闲的日本房满街都是，人们因怕小鬼子回来，都不敢去住。我父亲没有想那么多，带全家住进岭前的一幢带院子的宽敞的日本房。后来，老百姓胆子大起来，纷纷搬进日本房，等到我们老家一些远房亲戚来大连谋生就再也找不到房子住了。我父母是热心肠，招呼一拨拨远房亲戚住到我们家。如此，我们家原本宽绰的房间变得拥挤起来，但也很热闹，几家人在一起有说有笑，其乐融融。我父亲爱好唱戏，远房亲戚当中有会拉胡琴的、会吹口琴的，工余饭后大伙常一起自娱自乐。那时候我还没出生，但我相信余留在房间里的那袭绵长的温馨影响到了日后的我。

小时候我爱画画，十岁时遇上"文革"，我着魔似的临摹各种各样的毛主席像。有一天，一个亲戚严肃地对我说："这个

1958年，全家福（前排右一为作者）

1966年，小学二年级

不好随便画，画不像你就是反革命了。"我害怕了，不再敢画毛主席，开始画董存瑞、黄继光、雷锋、欧阳海、王杰、蔡永祥，照着报纸画，照着小人书画，街道墙报上的英雄像也成为我临摹的蓝本。我对枪情有独钟，画的董存瑞一只手举炸药包一只手拿着枪，画的黄继光扑暗堡也拿着枪，画雷锋、王杰、蔡永祥也都端着枪。在很长的一段日子里，我迷上了画"电影"——在长长的纸条上画出一幅幅图画，再用筷子做轴将纸条缠作一卷，然后在一个小方木框后面一幅一幅地拉开，让弟弟妹妹和邻家小孩观看。不是默片，我还一边"放映"一边配音呢！画得最成功的一部片子名叫《小铁锤》，是根据一篇讲抗日的课文改编的，加进好多我自己想象的细节和道白。我还画了片头，画的是八一电影制片厂片头的闪光五角星，"放映"时我拿嘴哼哼《中国人民解放军军歌》的前奏。来看电影的孩子是要买票的，票是我自己画的；钱也是我画的，发给大家，大家拿着我的钱买我的电影票。"电影院"在我们家后院里，摆上一些小木凳、小马扎当座位，上面还贴着座号呢。

我还做过简易幻灯机（在学校看幻灯受到的启发）。家里没有手电筒，我是把一支矮蜡烛粘在铁皮罐头盒里做光源，"镜头"是用铁皮做的一个圆筒，对着白墙放映。画幻灯片是我最用心的一个环节，拿毛笔蘸着浓墨在玻璃片上画，画人，画枪，画坦克军舰，画飞机大炮。为了取得清晰的放映效果，我把简易幻灯机搬到床底下。我们家的床大得很，是用木方和木板搭成的，上面铺着日本人留下的榻榻米，一张大床可以睡下我们全家人。床很高，底下的空间足以坐下我和弟弟妹妹及邻家几个小孩。床边带布围子，放下布围子，里面漆黑如夜。用火柴点燃蜡烛，玻璃片上的墨笔画映到了白墙上，观众们骚动起来，都往镜头前面挤——因为没有凸透镜，画面放不大，挤到跟前才看得清楚。放映结束，从大床底下爬出来，"放映员"和观众的鼻孔都被烛烟熏得黑黑的。有一次烛焰险些把榻榻米点着了。

　　想不到的是，儿时所玩的这些游戏，长大后竟然成为我创作第一部长篇幻想小说《爷爷铁床下的密室》的重要素材。在这部小说里，我用荒诞的手法写了一张神秘诡谲的大铁床，其灵感自然来自我们家的大木床，所谓"密室"也是儿时游戏的产物，小说里发生的许多毛茸茸的、现场感很强的细节均来自我童年的经历。苏童说："从某种意义上说，文学是延续童年好奇心的产物……想象力不是凭空而来的，所有的想象力都有其来源。"1982年马尔克斯获诺贝尔文学奖，有记者采访他时问："你在着手写《百年孤独》的时候，请问，什么是你的创作初衷？"马尔克斯回答："我要为我童年时代所经受的全部体验寻找一个完美无缺的文学归宿。"这很有意思，再大的作家都会向自己的童年索取。我去一些场合讲课时也常被读过《爷爷铁床下的密室》的孩子问起："你写的那个大铁床是怎么想出来的？"我回答他们："从童年的游戏里找到的。"

1979年，初为人师

不仅《爷爷铁床下的密室》如此，我的其他作品，像《装在橡皮箱里的镇子》《捡到一座城堡》《狼先生和他的大炮》《跑起来呀，小木床》《爸爸的旧铁环》《女孩和空房子里的老钢琴》等，从灵感到细节均与我孩提时代的游戏有着千丝万缕的瓜葛。

前些时候，一个从小和我一起长大的女远房亲戚（现任数学教师）还对我说："你小时爱玩，不过玩的东西和别人不太一样。"在这个女远房亲戚的记忆中，我小时候除了爱放电影、放幻灯片，还喜欢做木匠活。是的，我喜欢做木匠活，那是为了给自己和弟弟造玩具。我们家穷，买不起玩具，只好自力更生了。见到别人家孩子玩买来的玩具步枪，我就照着做，木头、铁管、铁皮、铁条、拉簧、皮带都用上了，做出的步枪能射子弹（可惜只能射出一米远）。母亲说，我十岁时就能自己做滑车、冰车，和弟弟夏天玩滑车，冬天玩冰车。见外面兴玩什么，我就回家鼓捣什么，反正一天到晚不停地瞎折腾，用母亲的话说，没有闲着的时候。那时候我真像个勤劳又拙笨的小工匠，我家门厅有个小低柜，里面装有锯、羊角锤、钳子、铁丝、大钉子、小钉子，它们基本上归我专用，我的左手指经常被羊角锤砸出紫豆子。

如今回头想想，真要感谢我的父亲母亲。那时候我不着闲地瞎折腾，把家里搞得很乱，更是糟践了不少好木头、好钉子，可父母从未责备过我，遇到我往硬木头上钉钉子钉不进去，母亲还会帮我一把；父亲更殷勤，他在他们工厂的废铁堆里找到四个旧轴承，拿回家给我做滑车用。因此说，是父母的宽容造就了我无羁的童年，使我那些毫无章法的奇想异梦犹如爬山虎般肆意攀缘。多少年来，我写童话也好，写小说也好，写剧本也好，大大小小每件作品里都鲜明地印有我童年的胎记。童年——我文思的故乡，想象力的发源地。

十二岁前我是个无忧无虑的小男孩，十二岁之后，历史这个老顽童和我开了个不好玩的玩笑，将我掷入一块冷冽的沼泽地里。

1968年，我读小学四年级，那本该是一生最烂漫的时期，父亲却忽然因莫须有的罪名被关进"牛棚"里，我顿时变成了历史反革命的"狗崽子"。父亲前脚进"牛棚"，专政队后脚就来我们家抄家，一辆贴满革命标语的解放牌卡车停在门口，屋内被翻得乱七八糟，街坊邻居大人小孩都来围观。我当时有一种被打入十八层地狱的感觉，深感恐惧，害怕碰见邻居，更害怕见到同学，自卑得像一只瘸腿老鼠，每天上学总是绕道走那些偏僻的巷子、胡同，甚至翻墙、钻臭水沟，天天都是磨蹭到最后一个进教室。同学们欢闹的声音于我听来似虎啸，教室前面的黑板在我眼里也变成一张嘲笑我的大嘴巴。我孤独得很，自卑得很，至今我也弄不明白，自己为什么会突然间变得如此胆怯如此猥獕了呢？那时候我不过是一个四年级的小破孩罢了！

1969年3月29日，我们家被迫下放到庄河北部山区落户。记得全家人坐了一夜火车，又在一辆旧解放牌卡车上颠簸了一天，双脚才落到四面环山的一块瘠薄的土地上。空气令人神清气爽，

1995年，与日本儿童文学作家马场志子（前排右）、滕毓旭（后排右）、于颖新（前排左）合影

山色透出微弱的新绿，大山后面响着英那河轰轰的水流声，我顿时有一种逃离虎口般的超脱感。而实际却令我大失所望，父亲的"历史问题"依然似沉重的大山压迫着我嫩幼的心。我所接触的新伙伴对我的歧视比起在城里时有过之而无不及，我的耳边每天每天都鼓噪着辱骂声，使我防不胜防。

人都有强烈的自卫意识，也都有反击的巨大潜能，可我面对这一片歧视的目光，只有畏缩、躲闪。我与伙伴之间有隔山般的陌生感，情绪无法流通，压抑得令人窒息。记得一次放学路上，有个叫"乌眼子"的男孩辱骂我，我做出了人生第一次抗击，与他撕打起来。他比我高一年级，块头也大，结果我的鼻子被打出血，衣扣也被扯落。让我最难过的是，围观的同学有很多，却无一人上来拉架，他们只当看客，个个幸灾乐祸。那天回家，我一路流着泪。

可以想象，我那时候对平等、对亲善、对爱与同情是何等渴望！大山应该为河流让路，让河流去滋润龟裂的心灵，使绿色之河与人们心中的爱树相伴成为永恒，这便构成了我日后儿童文学创作的精神内核。20世纪90年代初期，我发表的一系列短篇小说——《墨槐》《落马河谷的冬天》《白狗》《远方的家乡》《樱子河的月亮》《野鸽河谷》《月宫里的冰雕》《冻红了鼻子》等，都蕴含着这一文学主题，都是对平等、对亲善、对爱与同情的殷殷呼唤。这些小说显得苦涩、沉郁，一词一句都仿若从沼泽里打捞出来，意象湿漉漉的，意境沉甸甸的，就连狗的目光、鸡的脸色、草木的摇曳，都带着对爱与亲善的饥渴。这部分作品被评论家归类为"苦难小说"。

"车培晶的儿童小说创作……自觉地融入了苦难意识，这在儿童文学作品中是并不多见的。读车培晶的小说，总是能在他编织的自由幻境与美好梦想之中感到一些沉重的东西，有时隐隐约约，宛如水墨写意；有时又跃然纸上，仿佛夜半歌声。我想，这就是他作为一个极具责任感的作家精神禀赋的自然流露吧。"（张学昕、吴宁宁《建构儿童梦想的诗学——论车培晶的儿童文学创作》）"它们一如既往地'注视着即使少儿世界亦无法完全回

1998年，被评为大连电视台先进工作者

避的逆境、创伤和苦难，希望通过对逆境的透视、对创伤的疗治和对苦难的回味，强化小读者生命的钙质和心灵的承受能力……它们始终不放弃手法和语言上的精雕细刻，坚持不懈地营造诗的境界、诗的意味、诗的氛围、诗的美感，以此增添作品的艺术表现力和审美感染力等等。'"（古耜《在探索与扬弃中执着前行——再谈车培晶的少儿小说》）

1993年初夏，在滕毓旭老师的鼓励与怂恿下，我咬咬牙拿出几个月的工资，自费出版了我的第一部小说集——《神秘的猎人》，书中收录了二十三篇小说，有二十篇是这一时期带有"苦难"色彩的作品。

十年之赌

1996年是我人生光鲜的一年，我的小说集《神秘的猎人》获得第三届全国优秀儿童文学奖（此奖为中国儿童文学最高奖项，与茅盾文学奖、鲁迅文学奖、少数民族文学创作"骏马奖"齐名，由中国作家协会主办，每三年评选一次）。

说实话，我对这个奖的到来感到突兀，毫无思想准备。《神秘的猎人》是自费出版的，薄薄的一本，二百零五页，装帧简陋，很像一只丑小鸭，我压根就没想拿它去评奖，是辽宁儿童文学学会会长赵郁秀和大连儿童文学学会会长滕毓旭一次次敦促我参评。赵郁秀老师甚至都跟我急眼了，她在电话里说："你这个小同志，怎么拉你你往后紧紧呢，能不能评上你先报上，也费不了你啥。"我感觉自己像鸭子被撵上架，离报评截止日期剩下一两天了，我才不情愿地把十五本参评书寄走。因此，当得知获奖我相当蒙圈，觉得是一个梦。

我对自己就是这么不自信，不自信有谦虚的因素，而更多的是底气不足。等到诚惶诚恐地去北京参加颁奖大会，又参加了中国作家协会举办的一次儿童文学创作研讨会，结识了几位评委和评论家，并得到上海的儿童文学编辑家、评论家周晓老先生"你小说写得不错"的评论，我的一颗不安的心这才得到稍许慰藉。

同一年，我的短篇小说《纸灯笼》获得陈伯吹儿童文学奖（已改名为陈伯吹国际儿童文学奖）。《纸灯笼》发表在上海宋庆龄基金会主办的《儿童时代》杂志上，是编辑部直接拿去参评

《神秘的猎人》荣获全国优秀儿童文学奖获奖证书

1996年7月，获第三届全国优秀儿童文学奖时，辽宁省人大常委会副主任、辽宁省作家协会主席王充闾（左二）来大连祝贺。右二为辽宁儿童文学学会会长赵郁秀，左一为大连儿童文学学会会长滕毓旭，右一为少年大世界杂志社社长王凯

的，人家也没和我打招呼，等到获奖证书和奖金寄来时我才知道。刚刚接到获全国优秀儿童文学奖的消息，突然又来了一个奖，真是令我大喜过望，激动得夜不成眠。1996年给我的感觉，就像处于一片黑暗的东方天空，旭日突然喷薄而出，霞光万道。

获奖给我带来了诸多好处。首先，我对自己有了信心。其次，居住条件得到改善——上级为我调了一套三室房子。爬了十多年的格子，终于有了自己的一间大书房，兴奋得我手脚都不知往哪儿放才好。再者，一些报社、杂志社、出版社纷纷向我约稿，这一家，那一家。约稿，一准要发表、出版的。中国少年儿童出版社的编辑张晓楠盯住了我，向我约书稿，不等我动笔就寄来了合同让我签；四川少年儿童出版社的一个老资历编辑汤继湘趁我在北京参加研讨会，到旅馆里堵着跟我约稿；湖南少年儿童出版社也来邀我参加他们的长篇动物小说书系创作；福建少年儿童出版社来大连办笔会，约我写长篇；四川少年儿童出版社邀请我去参加他们在贡嘎山下举办的长篇小说笔会……我告别了无名小卒的惨淡日子，再不用盲目地四处投稿了，再收不到浪费我的邮费、让我感觉羞耻的一封封退稿信了。

然而，这一路走来并非一帆风顺。

我习惯把1984年发表处女作《眼镜国》作为从事儿童文学创作的开端，简历上一直这么写着，而实际上，我早在1979年就进入了文学创作的角色。那时我刚从大连师范学校毕业，学的是美术专业，在大连市五十二中任美术教师，教书之余，一边作画一边悄悄学习写作，不敢张扬，因为文学底子太薄。那时正值全民文学热，经常有知名作家来连讲座，每一次我都去听，听得热血沸腾。为了提高语言水平，我还去大连工人大学半脱产班学习中文，取得一纸大专文凭。从1979年到1984年，我用了五年时间才有了处女作《眼镜国》的问世，而从1984年发表处女作到1996年获得全国优秀儿童文学奖，又用了整整十二年时间。

十二年好艰苦！特别是前六年，看不见一点儿曙光。那时候妻子忙于哺育襁褓中的女儿，每

1994年，游泰山。左一为少年大世界杂志社原社长王绍东，左二为滕毓旭

天下班回家我要干很多家务，等妻子哄女儿入睡后，我才进入自己的世界，这时已夜深人静。我一般用功到零点过后，赶上哪天来情绪了刹不住车，会一直写到东方破晓，洗把脸再迎接新的一天。家里住的是学校操场边上的油毡纸简易房，低矮逼仄，我抽烟，只能在四平方米大的厨房里写作，这小厨房放不开桌子，我坐个小木凳伏在煤炉旁的水泥台上写。

点灯熬油写的东西寄出去后，几乎百分之百被退回来。每天来的邮件都放在学校传达室里，刚开始同事们都不明白那是退稿信，后来就明白了。每次我都是鼓着好大的勇气到传达室取信，然后拿到无人处拆开看，看着千篇一律缺少温度的退稿函，心里拔拔凉。那几年退稿信太多了，连五岁的女儿都能辨出来。有个星期天，女儿在操场上和小朋友玩，传达室爷爷让她把一封信带给我，她一边快活地往家跑一边快活地喊："爸爸，退稿信！退

稿信！"我急忙止住她："宝贝，小点儿声。"

天天点灯熬油，也不见成果，人熬得瘦成一把骨头。妻子心疼了，反对我继续搞下去，说："我不图你当作家，只要你健康，咱好好过日子。"为此两人闹起婚后的第一次别扭。

我深爱着我的妻子，不想让她不愉快。几天后妻子带女儿去烟台娘家，我在家里将所有的稿子和退稿信统统填到炉子里烧了，把写作用的蘸水钢笔折断，墨水瓶也扔到了屋顶上，然后给妻子写了四页稿纸的检讨信，告诉她，从此我与文学一刀两断，不再去触它一下。但等到把信投到邮局邮筒回家后我哭了，把头埋在被子里哭出了声音，我从未这么哭过，汩汩泪水里有委屈有沮丧，有告别文学的手足分身般的痛，更有对爱妻的亏欠——为了文学梦，我忽略了她的感受，把本应陪伴她的时光都用在了爬格子上。

然而，抛弃文学后我变得萎靡不振，感觉世界模糊、灵魂飘零，像一条主人不要了的狗。真要感谢我的妻子，她从烟台回来后见我这副样子就心疼地说："你爱写就写吧，我不拦你了，只是要注意身体。"我感激地望着她，不知怎么就对她说了这么一番话："给我十年时间，就十年，如果再一事无成我就永远放弃文学。"这等于

1985年，女儿两岁半时全家合影

下了一次赌注，时间是1986年，这一年我三十岁。三十岁的我跟光阴赌上了，不，是跟自己赌上了！

真的叫"赌"，因为你看不清楚前方的路究竟有多长，那条路隐匿在浓云迷雾里呢，你无从知晓它的真实面目，预计不到它的尽头会是一条清清的河，还是一大片不毛之地，迷疑、惶恐，却又痴情、神往，很复杂的一种心理。其实，写作也是一项技术活，它和学摄影、学开飞机开远洋轮船、学电脑编程、学车工、学厨师没什么两样。只不过，在所有的技术工种当中，写作是花费成本最高、风险也最高的一个，它需要相对漫长时间的磨砺，既耗心力，又耗体力，一旦搞不成，十几年、几十年的工夫就瞎子点灯——白费蜡了。这真需要一种铆钉般的定力才能支撑得住。

这十年，作为一个业余作者，我把时间经营得滴水不漏，白天上班，夜间写作，公休日节假日都搭在写作上。每年春节全家一起去给父母拜年，之后妻子和女儿留下，我返回家写作。母亲总埋怨我说："忙成这样，过年也不歇口气。"我喜欢边写作边阅读，像走夜路的盲人听着虫鸣一小步一小步摸索着前行。那时候，我阅读针对性很强，也很功利，相对于"博览群书"，我更倾向于精读、细读，合乎自己口味的名著我会翻来覆去地读，不厌其烦地读，细细咀嚼揣摩内中"秘诀"。举个例子，像海明威的《老人与海》，卡夫卡的《城堡》《变形记》《乡村医生》《村子里的诱惑》，赖特森的《我是跑马场老板》等小说，我读过不下百遍，竭力让书中的情绪、光色、气息深入地浸泡我，腌制我，熏烤我，把我做成一块卤肉。

这十年，我正从而立走向不惑，工作走马灯似的变化。开始是又教学又兼任年级组长，负责区工会油印小报编撰工作，后又担任学校政教处主任；1992年调到区教育局任办公室副主任和秘书；不久又调至大连团市委刚挂牌的杂志社，协助滕毓旭老师创办《少年大世界》杂志；1994年又调到成立不久的大连教育电视台，当起扛摄像机的电视记者。工作频频变更，且都是新职业，都面临从头学习的问题，特别是当电视台记者，工作强度相当大，起早贪黑是家常便饭。

然而，工作再忙，时间再紧张，我始终不忘自己的文学梦，始终不忘自己是个下了赌注的人。常常是白天工作了一天筋疲力尽，回到家先与妻子一起做饭、吃饭，然后先睡上一小觉，再爬起来写作。后来找到了一个更见效果的办法：正常时间入睡，凌晨两点钟起床写作。这个时间特别适合写幻想类的作品——凌晨，世间万籁俱寂，空空荡荡，伏案疾书的我会有一种主宰万物的感觉，思想无拘，天马行空，直到东方呈鱼肚白色，人们从梦中醒来，四下里的声音渐渐多而杂乱起来。而这时我心里常常

任电视台记者时在辽宁师范大学采访

会发生一些错乱，以为太阳的升起、人们梦醒后的活动都是我幻想中的情景。那种感觉美极了，就是给我一个王位我也不换。

春游活动中与电视台同事做游戏，左一为隋日忠，左二为姜丽敏

如今回头看看，我大部分生命力相对持久的童话，如《大鼻孔叔叔》《村里有个喇叭匠》《老狼提托》《毛驴的村庄》《盲女孩》《布兜将军》《装在橡皮箱里的镇子》《狼先生和他的大炮》《吃皮鞋的老轿车》等，都是利用凌晨时间完成的，这些作品问世二十余年，至今仍受小读者喜爱，有的成为我写作的高峰，我似乎再也无法超越了。

另外，这十年里我有幸结识了滕毓旭老师，他是我文学成长道路上的一位贵人。我把习作送给他看，他提出意见后我再做修改，然后他再写信向一些杂志社的编辑朋友力荐。最初的一些习作就是这样发表出去的，这使我隐约看到了混沌的前方透出的一丝光亮。记得有段日子，我迷上了画漫画。那时姜末也画，他在春柳小学教美术，我在五十二中教美术，两所学校距离很近，我们常在一起讨论漫画，参加漫画展，在报纸上发表漫画，我把精力都用在了这上面。滕毓旭老师知道后跟我谈了一次话，他认为搞儿童文学比搞漫画更有前途，他让我专心致志写作。我记住了他的话。

1989年暑假，经滕毓旭老师推荐，我参加了写作生涯中的第一次笔会，是辽宁《新少年》杂志社举办的，地点在兴城菊花岛。

笔会上，我发现每个与会作者发表的作品都比我多，有人在十几岁时就开始发表作品了，还有人获得过陈伯吹儿童文学奖。另外，大家来前都带着写好的作品，参加笔会只是想让编辑看稿、提意见，只有我空手而来。我感到了压力，很着急，生怕人家嫌弃，暗暗铆足劲，不分昼夜地赶写自己的小说。白天，大家出去玩，我关在客房里写小说；吃饭喝酒，别人敢喝高，我不敢，喝高了就写不了小说了；深夜怕影响同室文友睡觉，我就跑到宾馆走廊楼梯口的灯下写，半夜三更，像个夜鬼，蚊子直往身上聚。

十天的笔会转眼工夫结束了，我没能完成任务——写了一篇小说，但属于半成品，编辑们提了许多意见，稿子需要大修改。回家后，我马不停蹄地修改，一共改了七稿，誊写了七遍，最终觉得满意了才寄出去，这时候距笔会结束已经一个多月了。

这篇题为《墨槐》的短篇小说讲的是一个友爱的故事，被《新少年》杂志1990年第一期作为头题隆重推出，并配有大幅插

1989年，第一次参加笔会。右一为作者

1992年，参加《儿童文学》和《新少年》两刊联合举办的创作笔会。三排右一为作者

画。很快，《墨槐》就被国内权威刊物《儿童文学选刊》选载。不久，在滕毓旭老师的力荐下，《墨槐》又由日本儿童文学作家西村彼吕子翻译，刊登在日本儿童文学杂志上。

可以说，《墨槐》是我儿童文学创作中一个小小的里程碑，它使我悟到了儿童文学创作的门道，在创作上获得了一次重要收获。"好文章是改出来的"，对这句箴言我感触颇深。修改也是创作，在反复改动打磨的过程中，我对儿童小说逐渐有了明晰的认识。就像隔着无数层面纱，修改一次等于揭开一层面纱，一层一层地揭，一遍一遍地琢磨，这个过程非常受用，以至于成为我后来创作的一种习惯。

1992年暑期，我应邀参加上海《少年文艺》杂志社在浙江舟山群岛举办的创作笔会，同年秋季又参加了《儿童文学》《新少年》两家杂志社在旅顺口举办的创作笔会。这两次笔会称得上儿童文学界的高级笔会，大腕云集，我有机会结识了闫振国、秦文君、周锐、张之路、李松涛、高洪波等一批国内知名儿童文学作家、诗人，聆听他们的创作真经，受益匪浅，胜读十年书。这之后，我的创作热情高涨，大有一发不可收之势。然而，我很理智，会克制，会像玉雕家一样用心对待每一篇稿子，写东西从不一稿成，总要修改几次，并像鲁迅先生那样，把写好的东西放在抽屉里沉淀些日子，再拿出来进行推敲、润色，有时会推翻重新写，所以，写得比较慢。

从1990年到1995年六年时间里，我在北京《儿童文学》、上海《少年文艺》、辽宁《文学少年》、江苏《少年文艺》、上海《童话报》等儿童文学报刊上，仅仅发表了十五个短篇，平均一年才发表两三篇，这个数量确实少得可怜，但篇篇算得上有质量，其中多篇上头题，或被《儿童文学选刊》选载，或被收入各种文集。其中《白狗》《月宫里的冰雕》《大年初一》《狗房子》《纸灯笼》被译介到日本；《樱子河的月亮》《狗房子》《纸灯笼》被《儿童文学选刊》选载；《野鸽河谷》获海峡两岸儿童文学征文佳作奖；《纸灯笼》获陈伯吹儿童文学奖。1996年，我获得全国优秀儿童文学奖。

我从迷雾中摸索着一步步走出来，看见了清清的河流、湛蓝的天空、熟人的笑靥，梦想花开。走到这一步我刚好用了十年时间，也

在四川少年儿童出版社举办的笔会上与同行曹文轩（中）、杨鹏（右一）在贡嘎冰川留影

就是说，我跟自己打赌打赢了。这里要感谢我的妻子，在这十年中，为了支持我写作，她几乎承担了全部家务，就连给窗户刷油漆之类的活她也大包大揽，为了我，为这个家，她付出得太多太多了，我永远亏欠于她。

1997年，在福建少儿出版社举办的长篇小说创作笔会上与梅子涵（后排中）等作家合影

变　脸

　　获奖带来的喜悦迅速被焦虑淹没。下一步该怎样走？当然不可照原路走，创作需要变化，否则就成工匠了。那么，如何改变自己，赋予作品新面孔？我苦苦思索。

　　1996年夏末，邓刚先生为我的获奖小说集《神秘的猎人》写了一篇评论，刊登在《大连晚报》上，邓刚乃小说高手、大家，眼力独到又不虚与委蛇，他在文中结结实实给了我一闷棍，批评我的小说叙述方式沉重、陈旧，"累了自己又累别人，何苦？"（他的原话）。这一棍子把我打疼了、打蒙了，饭吃不香，觉睡不好。不过，邓刚很睿智，在打了我一棍子之后又温暖了我一下——他对《神秘的猎人》里的一篇题为《叶红叶落》的小说给

1996年，辽宁"小虎队"成员出席中国儿童文学创作研讨会，中间为
"小虎队"之母赵郁秀

予高度赞赏："荒谬隐在真切的细节后面，痛苦埋在幽默话语的深处，我相当欣赏车培晶这种轻灵写法的作品。"

无独有偶，也是那一年，江苏省社科院的研究员金燕玉女士在《光明日报》发表的《回到大地——全国获奖儿童文学作品述评》一文中，也单单点到了我的《叶红叶落》，她这样写道："作品……以文化与无文化的倒置关系作为幽默的基础，不但读来好笑，而且极其深刻地揭示了'文革'时代无文化的本质。对人物的刻画丝毫也不夸张丑化，不动声色地将一位好农民放进当老师的尴尬情境中去，这种艺术处理方法深得幽默的奥妙，极为成功。"

两位老师的见解不谋而合，这使我如醍醐灌顶，心头为之一亮，我似乎知道该如何走下一段路了。

我既写小说，也写童话，自称小说和童话为自己的左翼与右翼。那年，整整一年吧，我暂时收拢了小说这只翅膀，专心创作童话，试图以童话这种相对自由的文本来寻求叙述上的突破。要幽默、荒诞、轻灵、读着不累，我心里一直装着这几个字。这一年，我让自己完全沉浸在幻想世界里，一边写作一边阅读，小口小口地咀嚼名著，着意疏通诙谐与荒诞这两条神经。我找到了感觉，找到了一种和从前不一样的表达方式，叙述从沉湿中摆脱，携着幻想与意趣飞往丰饶的林园。这一年我写了长长短短十二篇童话，发表在各地刊物上，《睡呼噜收藏家》《魔轿车》《老好邮差》《盲女孩》《瘦狼和胖狼》《我和我的蜘蛛丝》《能收听到别人秘密的收音机》等，单看题目就给人以快感，它们大多以人为主角，即常人体童话。这些童话被儿童文学评论家马力教授称之为"童话小说"。我是第一次听说这个概念，评论家让我发现了另一个自己。

　　"车培晶原是一个年轻的儿童小说作家……现在当他用惯于写小说的手开始写童话的时候，必然要在童话这一新领域进行新探索。然而各种艺术形式之间总是既有区别，又相联系。'艺术越接近它的界限，就会渐次消失它的一些本质，而获得界限那边的东西的本质，代替界限，却出现了一片融合双方的区域。'（别林斯基语）……（车培晶的童话）采用了某些小说的表现手段，形成了童话与小说互融的趋势。读车培晶童话首先的感觉是耐读，虽然童话中的那些童话形象都是现实生活中所未曾有的，但经过作家笔墨丹青的点染，都能'以一个活人全部的明确性栩栩如生地出现在你的面前'，体现了小说刻画人物性格所特具的生动表现力。这就使车培晶的童话更具有跨越小说与童话'双方的区域'的特点。因此，车培晶童话更准确地说应该叫'童话小

说'。一个作家创作风格的初步形成和体裁上的独创性特征的形成同样是他的创作已经达于较高层次的标志。"（马力《寻找支点》）

1997年，我结集出版的第一部童话集《魔轿车》（收入"棒槌鸟儿童文学丛书"），获得了中宣部全国第六届精神文明建设"五个一工程"奖作品入选奖。之后，我转入了长篇创作。

给儿童看的长篇一般都在十几万字，并不长，但这对于我也是新课题，是一条陌生的路，我像一名短跑运动员踏上了长跑的起点。那年，我接下两部长篇小说约稿，一部是福建少儿社的，一部是湖南少儿社的，均被收入丛书，集体行动，必须按期交稿，一个人晚了就会拖累整体。那个炎热的夏天，下班后我回到家就伏案写作，天热，光着膀子写；写到半夜困了，拿凉水擦擦身子接着干；星期天也足不出户。记得那年有一个领导的儿子结婚，还有一个女记者结婚，我跟他们相处都非常好，那个女记者还算是我的徒弟呢，我提前把份子钱送上，实话告诉他们我手头有约稿，无暇参加婚礼，也不怕人家生气。现在想想，我真够

全国精神文明建设"五个一工程"奖及辽宁省儿童文学评奖奖牌

"歹毒"了。没办法，时间对我太珍贵了。

从夏天写到深秋，两部长篇如期交稿。第一部长篇《你好，棕熊》写人与自然的故事，第二部长篇《响尾姥鲨》是纯动物小说，两部小说题材迥异，叙述手法也迥异，较以前的小说有着明显的变化，或突出荒诞元素，或

2007年，在云南农家院里

突显神秘感。接下来又写了两部长篇童话——《装在橡皮箱里的镇子》（四川少年儿童出版社出版）和《捡到一座城堡》（安徽少年儿童出版社出版），这两部童话也采用了完全不同的叙述形式。不重复自己，追求变化，是我给自己定的长篇写作原则。

1997年至2000年我连着创作了四部长篇，是对长篇小说创作的一次集中试水，其中有得有失。《响尾姥鲨》我比较满意，它获得了第十届中国图书奖，当然我满意的不是获奖，而是这部小说写得扎实，多年之后，我还能从小说里感受到当年飞溅的思想火花。而曾一度令我怀有高期望值的《装在橡皮箱里的镇子》反响却一般。这部长篇是由一个短篇扩展而成的，短篇有六千字，在《儿童文学》杂志上作为头题发表，编辑还加了评论，反响非常好，这才促使我写出十万字的长篇。总结它的失败，原因有两个：其一，创作前缺少深入思考，素材积累不充分；其二，创

作时间不足，基本上是被出版社撵着写的，没有打磨和沉淀的工夫。假如用一两年业余时间写，一定不会是现在这副模样。本来是一粒饱满的童话种子，由于怠慢了它，只长出一株瘦弱的苗，直到现在，每每想起它我心里还隐隐作痛。也想重新写，但几次都因找不回遗失的灵感而搁浅。

写长篇不同于写短篇，长篇需要持久稳定的创作情绪，这对我来说是个极为焦虑的事情。单位工作累，做电视新闻，整天绞尽脑汁地想新闻的事，写作时间总是零零碎碎，这对长篇创作是一种破坏。那时候我为缺少写作时间深深苦恼，为此滕毓旭老师还出主意，让我给大连市文学艺术创作委员会打报告申请创作假。报告写好了，我又给撕了，担心徒劳一场，还是安分点儿吧。

1998年6月，我所供职的大连教育电视台并入大连电视台，情形有点儿像一支小股队伍被大部队收编，人人都有危机感。我先是做了两年新闻栏目制片人，后来全台搞改革，我去了台里与日本合资的一家动画公司。这是我主动找领导要求去的，同事们都认为我太不明智，因为按台里当年的政策，去公司的人员不保留事业编制，这等于说我拿铁饭碗换了一只泥饭碗。而我决定了。

我做如此决定为的是远离拥挤与嘈杂，寻找一份宁静，以便圆我的儿童文学梦。那年我四十四岁，这个年龄做电视节目有点儿夕阳西下的味道了，而对文学创作却正如上午九点钟的太阳。我必须抓住这段好时光。领导才不管你搞不搞文学创作，那是你的私事，你要靠自己想辙，靠自己拯救自己。其实，做电视节目对文学创作也有益处，有机会接触社会的方方面面，获取素材，点亮灵感，可那份工作不够安静，更不够单纯，易于生成浮躁心理，这有悖于我的天性。动画公司的氛围恰好契合了我的要求。动画嘛，本身就是一种单纯的东西，我本人又是学画出身，对动画好奇、有感觉，当然，也想从动画中汲取养分滋补儿童文学创作，故此才断然舍弃铁饭碗。"留得青山在，不怕没柴烧"，我相信这句从小就记住的谚语。

在动画公司，同样是白天工作夜间写作，但工作比较有规律，很快我就适应了，心境得以平和。工作中，我有机会接触到大量日本动漫作品，日本动漫的细腻、节制、逻辑严谨等优点，对我写作启迪极大。

2000年冬季，我开始创作《爷爷铁床下的密室》。这是一部用魔幻、荒诞手法表现战争题材的长篇儿童小说，以此手法写现代战争在国内似乎尚无先例，没有可临摹的成品，全凭自己探索创造。我写得得心应手。我撩开童年记忆的帷幕，让自己踏到那个没有灯光的舞台中央，亦歌亦舞，甚是畅快。2001年，《爷爷铁床下的密室》由春风文艺出

2008年，当选为北京奥运会火炬手

2014年10月末，为创作抗日小说《沉默的森林》只身到小兴安岭体验生活

与中学班主任、语文老师韩秀珍在一起

参观茅盾纪念馆

版社出版，成为"小布老虎丛书"中很叫座的一本书，迄今它已经再版十一次，发行二十余万册，尽管岁月流逝，它在今天的图书市场上仍然活跃。

在动画公司期间，我还创作了长篇幻想小说《我的同桌是女妖》（两卷本）和长篇童话《狼先生和他的大炮》。这两本书在读者中反响也都不错，前者发行三十余万册，后者发行十五万册（包括注音版）。《狼先生和他的大炮》获得辽宁省首届未成年人优秀文艺作品奖文学类二等奖，《我的同桌是女妖》被评为2003年"大连文艺界十部有影响的作品"之一。

应该说，上述几部作品都受到日本动漫一些积极因素的影响，动漫使我的创作视野有所开阔，为我的文思布上明快的光调。所以，至今我还为当年的大胆抉择得意，假设当年不去动画公司，我想我怕是不会有那么好的创作心境，也得不到机会近距离接触异国动漫。

当然，也留下了遗憾。本打算拍一部叫《唐尼日记》的动画片，整体创意出来了，剧本也写出十集，但由于公司注销等原因而夭折。不过，后来《唐尼日记》成为我创作以乌克兰为背景的荒诞小说《小丈夫传说》的酵母。

2003年，我又回到了台里，开始了少儿节目编导的生涯，用别人的话说，"回到了孩子中间"。每周都要下校园采访，录制儿童游戏类节目，录制校园课本剧等，我整天被小学生们的热闹磁场所包围，身体沾满了孩子的磁粒，连呼吸里都是。这固然好，但我发现自己的心变得沸扬起来，有一年时间我几乎没写出像样的作品来。是什么原因呢？慢慢我才想明白，那是由于我完全嵌在儿童磁场里，脑袋一时间还没回过神。不着急，这需要一个梳理、内化的过程。

2004年，我捧到了向往久矣的"金苹果"奖杯，站在了聚光灯下。这是一份荣誉，更是一份责任，一种纯属个人行为的写作被人为地放大了。是年，又逢中央发布《关于进一步加强和改进未成年人思想道德建设的若干意见》，这给儿童文学带来了一股春风，我的创作题

2007年，在成都与小演员们在一起。左二为宫秀华老师，左五为作家杨红樱

材与体裁也随之变得宽泛。

2005年，大连市青少年宫想搞一部儿童舞台剧，邀请我写剧本，我没犹豫，因为我正想在这方面试水——在电视台工作，你总得要干点儿与舞台或影像沾边的事情，否则你就成了一个馅少的包子了。我用一个月的工余时间写出五幕儿童科幻话剧，叫《Happy教室》，请辽宁人民艺术剧院的高军任导演，全市公演后反响不错。重要的是，在整个排练过程中我始终跟班，暗自跟演员出身的高导学到很多表演方面的东西，这让我后来创作儿童电视剧多了一种思维。

2006年我开始"触电"，集中一年的工余时间，一边写校园长篇小说《同桌哆来咪》，一边写该小说的电视剧本。三卷本小说《同桌哆来咪》完稿后由春风文艺出版社出版。与此同时，在少儿频道总监周华、李文兴的鼎力支持下，在左东、钟惠田、刘志强、钟永强、曹英明、万福臻等同事和好朋友的无私相助下，我们拍了两集《同桌哆来咪》电视剧样片。样片拿到学校里让小学生观看、提意见，又经过台编委会开论证会，听取高满堂、孙建业等剧作家的意见后，我着手创作全部剧本，2007年12月完成了六十集剧本（后改名为《快乐的同桌》）的创作。2008年1月下旬，该剧由大连电视台与中央电视台联手拍摄。

当时动静弄得特别大，媒体纷纷来采访，连中央电视台的记者也来了，但作品成片后与我的预期有太大差距，演员表演弱，镜头表现也弱，处处显弱、粗糙——这是一个编剧无法扭转的局面，以至于使我心里蒙上了阴影，一度出现抑郁。这部剧我倾注了太多太多心血，从到校园体验生活、搜集创作素材，到写剧

本、做样片，根据孩
子们的反馈一次次修
改、调整剧本，前前
后后花费了我两年多
时间。尽管《快乐的
同桌》在大连电视台
和中央电视台数次播
出，由我作词、捞仔

荣获的奖杯和奖牌

作曲的主题歌《我爱上学》在孩子们中间唱响；尽管后来这部剧
获得了第二十七届中国电视剧"飞天奖"儿童剧三等奖和辽宁省
"五个一工程"奖，并入选"大连文艺界十部有影响的作品"，
但蒙在我心头的那块阴影还是难以驱净。

　　1996年至2009年十三年间，我的创作经历了几次变脸，包括
叙述的变换、从文学到舞台艺术再到影像艺术的转换，几次变
化，几番尝试，成败得失、苦辣酸甜皆有之，成功是收获，失败
亦是收获，抑郁也算一种收获了——弥补了之前不曾有过的体验
啊！总之，创作中所经历的一切我都视为财富。

回到根须

　　从事儿童文学创作三十多年，行进的步履一直匆促，一边是
工作，一边是创作，就像被两个相反的力使劲拉着，你被抻得像
牛皮筋一样长，不得松弛。直到2010年，少儿频道总监俞小川先

生为我争取到一个编剧岗位，我这根疲惫的牛皮筋才有了稍作松弛的机会。

这一年，我与大连外国语学院的于立极、辽宁省作协的薛涛应省委宣传部之邀创作了十八集儿童电视剧《笑一个看看》（由于一些奇怪的原因，这部剧一直没开机）。之后的几年里，我创作了校园轻喜剧《插班生》（二十七集）、童话短剧《水果三宝》（二百余集），在大连电视台少儿频道播出。写剧之余，我静下心盘点自己。从事儿童文学创作三十多年来，发表、出版过的也曾经让自己沾沾自喜过的作品多达五百万字，出版童书三十余部，数量不算少了，但时至今日，还有多少存活于世？我是说有几篇小说和童话、几本书还能让人记着？答案是：所剩无几。绝大多数都是短命的，有的文字印刷出来一两年便奄奄一息，有的更是昙花一现。

不盘点不知道，一盘点冒了一身冷汗。我开始反思自己，将自己推入黑暗。

2014年，辽宁省作家协会组织获全国奖的儿童文学作家进京"展示"，我因妻子病重而缺席，只送去一篇几百字的"创

2010年，在绍兴参观鲁迅故居。右为大连市曲艺家协会主席习成国

作谈"，里面有这样一段
话："近几年我的写作步
入黑暗，在黑暗里挣扎，
渐渐变得平静、克制，像
一只茧壳里的蛹……一个
写作者，其笔下的文字就
相当于自己的生命，你得

2013年，为辽宁文学院首届儿童文
学研习班学员讲课

想着自己的文字的存活期、存活率，不能拿写了多少本书、一时
期的发行量做炫耀资本，应当看重你的文字生命力有多强，它们
能存活多少年。你这边码字，那边一个个都死光光了，你不成了
行尸走肉了吗？哪个作家都不敢妄求自己的作品百岁千年，但
我们不可以置之不顾。人还活着，而文字已经死了，是莫大的悲
哀啊！"

我的文学路一开始走得还算正确，20世纪90年代中期从沉湿
到轻灵的转变也算正确。但近些年，具体说是从涉猎电视剧开
始，我的写作变得没有难度了，与传统文学疏远了，与自己的内
心疏远了，追求皮毛，浮光掠影，被"浅阅读"俘虏。文学创作
贵在表现个体独特的体验，这是他人无可替代的，然而，我的心
灵在时代的狂澜中变得越来越不独特了，我的文字如同我的肌肤
一样，正在老化，失去弹性，变得松弛无力。

我索性停下笔，静下心来阅读。有关心我的领导、文友问
我，这段时间怎么没看见你出书？我回答说，我在休渔。是的，
我进入了"休渔期"。阅读吧，这是最好的休养生息方式。我捧
起马尔克斯的《枯枝败叶》和《苦妓回忆录》、布尔加科夫的

《白卫军》、特朗斯特罗姆的诗、阿莱赫姆的《从集市上来》、科塔萨尔的《动物寓言集》、海勒的《第二十二条军规》、汪曾祺短篇小说、石舒清短篇小说，以及一批我喜欢的新生代作家和80后新锐作家的作品，仍然像从前那样细读慢品，咂咂营养，消化吸收，在一部部优秀作品的照耀下，我看清楚了自己的病弱处、腐朽处。

我不再写长篇，不再接出版社的约稿，不再受热闹和利益诱惑，惩罚式地将自己推到过去，从短篇写起。短篇是长篇之母，文学之根须。这年我五十四岁，一介老夫，重操旧业，开始短篇写作。我很振奋，雄心勃勃。然而，写着写着我发现，要想写出一篇有突破、令自己满意的短篇是一件相当困难的事情，其情形好比让一个从未生育的老妇人分娩，我写得艰难、疼痛、孤独，甚至绝望。一部五六千字的短篇小说从构思到成稿，再经几次

2007年，与评论家王晓峰（中）、作家高满堂（右）在广西，三人为大连师范学校1977级校友

修改打磨，断断续续要花费一两个月时间，有的会半途夭折，有的几易其稿都不满意，索性就冻结在文件夹里，真叫是举步维艰啊，有时气得抓狂，呼天不应，叫地不灵。

然而，天地终将呼应你，眷顾你，让你有所收获，因为你付出了，孜孜不倦，拼了老命。

2010年，我重操旧业后的第一部短篇小说《班主任糗事记》在辽宁《文学少年》作为头题发表，并被《儿童文学选刊》选载。同年还创作了短篇小说《飞机效应》，被北京《读友》作为头题发表，配有评论，并被《儿童文学选刊》头题选载，刊有另一位评论家的评论。这一年还写了短篇童话《拜托，不要来那么多》，发表于北京《儿童文学》杂志《领军佳作》栏目，刊有本人创作谈，次年也被《儿童文学选刊》头题选载，并刊有另一位评论家的评论。

2011年，我又创作了五个短篇：短篇小说《小丈夫传说》作

1988年，在烟台岳母家（后排左二为作者妻子）

2006年，在西藏采风

为头题发表在北京《儿童文学》杂志《文学佳作》栏目，配有本人创作谈和评论家的评论，该小说被《青年文摘》选载；短篇小说《保卫马闽》在北京《读友》杂志作为头题发表，配有评论，并被《儿童文学选刊》作为头题选载，配有评论家的评论；短篇童话《有心眼儿的桃》发表于上海《少年文艺》；短篇童话《月光里的新婚兔》发表于北京《读友》杂志；短篇童话《一架木梯子的一辈子》发表于江苏《少年文艺》。也凑巧，这年11月和12月我有四篇作品见诸刊物，辽宁作家协会创研部晓宁在《辽宁作家通讯》上撰文道："从车培晶愈发流畅而练达的叙事中，我们可以清晰地发现他富于理性和智性的思考，即以儿童能够接受的方式或颂扬或讽喻或鼓舞，积极地拓展儿童对社会人生的认识，提升儿童的精神境界和道德感。《小丈夫传说》以诙谐调侃的笔调讲述了一个乌克兰侏儒'小丈夫'传奇而短暂一生的故事。

'小丈夫'身处生活的最底层，却是一个勤劳勇敢、乐观开朗的单身汉，他为了心目中的姑娘卡季波娃写下了感人的《抽屉里的爱》，最终在战场上以牺牲完成了悲壮而伟大的生命价值的实现。小说的感人力量在于通过一个人传奇的人生浓缩了无比丰富的内涵，即对人性的充分尊重，对人格的平等自由、对美好生活的积极追求和对个人自我牺牲精神的推崇等，这些观念——在儿童文学中潜移默化地渗透着。几篇童话则各有侧重点，有揭露人性阴暗面，讽刺机关算尽却被聪明误的；有歌颂忠于职守、铁骨铮铮的脊梁精神的；有颂扬虽然以血为代价但最终完成人生中的壮举、挽回做人尊严的。几篇童话从不同的角度对'人生'这部书进行了解读。"（晓宁《2011年11—12月辽宁儿童文学述评》）。

另外，短篇小说《小丈夫传说》获得了由《儿童文学》杂志主办的首届儿童文学金近奖；短篇小说《保卫马闽》入选中国作

2002年，在大连第六届亚洲儿童文学大会上与海内外同行合影

2010年，武岭采风

家协会选编的《2011中国年度儿童文学》（漓江出版社出版）；
短篇童话《月光下的新婚兔》被收入《2011年全国优秀儿童文学
精选集》（中国少年儿童出版社出版）。

　　2012年，我创作了两个短篇：童话《西瓜越狱》发表于江苏
《少年文艺》，被《儿童文学选刊》选载；小说《向日葵一样
的曹日红》发表于《文艺报》，被《青年文摘》选载。2013年，
我创作的短篇小说《夜街》发表于《文艺报》，被收入《2012年
中国优秀儿童文学作品集》（浙江少年儿童出版社出版）。2014
年创作的短篇小说《表妹开花》，作为头题发表于北京《东方少
年》杂志《佳作》栏目，并被收入中国作家协会选编的《中国儿
童文学年度佳作2014》（贵州人民出版社出版）。

　　五年中我一共发表了十二个短篇，共计六万余字，其中六篇

上期刊头题，五篇上《儿童文学选刊》，两篇上《青年文摘》，四篇入选年度优秀作品文集。这是一个不小的收获。尽管写得艰难，但还是有快感，快感在于找到了自己的病弱之处，向自己发起挑战，去除了体内的污垢与赘瘤，看到了大师们指引的高度，心向下沉，笔力朝上扬。2011年，《儿童文学选刊》一位叫梁燕的责任编辑给我来信说："车老师，越来越多地关注您的短篇创作，这样的时代里，这样的坚守和对自我的突破，真美好。感动。"我并不认识这位责编，感觉她一定很年轻，因为老编辑我基本都熟悉，所以，我把这封信看作"朝阳"为"夕阳"的喝彩、鼓劲。确实，我十分受鼓舞，我回信对梁燕说："不是时代问题，是人——作者——出了问题，大家都盯上了宽门，有谁愿意走窄门呢？"

时下的情形确实如此，各出版社都在忙着抢原创长篇、出原创长篇，作者们都踊跃响应，写长篇有市场，一搞就搞出个系列什么的，几本几本地出，收入高着呢，谁还肯屈身于短篇写作？

2015年，和小读者在一起

又寂寞，又孤独，又煎熬。我真该为自己喝一声彩了：很好，继续，安安静静做好自己的根须培植工作，要对得起你的读者，对得起你的文学初衷，加油啊！

写到这里，又想起了我的爱妻，此时，她人已在天国。她是我文学成长道路上的亲密伴侣和重要见证人，这篇文章也是献给她的，她能看见，她在天上微笑……

2015年，出席中宣部、中国作协举办的全国儿童文学创作出版座谈会。右二为诗人王立春，左二为文学评论家马力，左一为青年作家李丽萍

慧眼识珠

他从不刻意追求取悦于读者的情节效果，也没有那种说教式的浅露的主题。他所描写的往往都是人生中那些并不很轻松的环节，他似乎在向小读者们揭示着：直面人生是件严肃的事情。

《神秘的猎人》序言

○ 尤 异

　　早就想为车培晶的作品写一篇评论，却一直因为忙或其他什么原因，总也没有写成。此次为他即将要出版的这本书写一篇序言，也算是了却了我的一部分心愿吧。

　　为什么一定要给车培晶的作品写一篇评论呢？这并不仅仅因为我与他相熟，也不仅仅因为我在大学里教书又从事文学研究工作，因而有这种责任，而实实在在地是因为他的短篇小说写得很有特色。车培晶的作品并不多，迄今为止总共也就是三十几个短篇少年小说，还有十几个童话而已。可是他已经在全国的儿童文学界产生了不小影响，他的作品曾多次被《儿童文学选刊》选登，有的在日本刊物上发表，有的在国内颇具权威性的儿童文学刊物上作为佳作发表并且还配有评介。他也先后参加了上海《少年文艺》和北京《儿童文学》等重要刊物举行的笔会等。这使我想起了著名学者柳鸣九为《梅里美小说选》所作前言中的第一句话："此人肯定具有某种独特的才能和动人的魅力，他既不是以

《红与黑》那样深刻的作品，也不是以《悲惨世界》那样广阔的画幅，更不是以《人间喜剧》那样宏伟的巨著，而仅仅是，或主要是靠不到二十篇中短篇小说，就在深受后代读者赞赏的19世纪法兰西文学中占有了一席光荣的地位……"当然，车培晶不同于梅里美，我也不是柳鸣九，两者无法直接相比拟。但是，起码引起这种思索的动机是一致的，也起码说明了这样一个道理，即作家的成就绝不仅仅在于其作品的数量。车培晶就是一位在我国儿童文学界中以质取胜的作家。而以质取胜的作家同那些以量取胜的作家相比，更具有广阔的前途和非凡的生命力。

车培晶的作品的确与很多人的少年小说不同，他从不刻意追求取悦于读者的情节效果，也没有那种说教式的浅露的主题。他所描写的往往都是人生中那些并不很轻松的环节，他似乎在向小读者们揭示着：直面人生是件严肃的事情。车培晶十分重视创作中的情感逻辑。他笔下的成功人物多是身体和心灵都受到过严重创伤的，而他又把他们置于一个复杂的感情旋涡和矛盾冲突之中，从而使作品中人物的命运紧紧牵动着读者的心。《墨槐》中的主人公哑巴石是一个哑巴孩子，父亲放石炮被崩死了，母亲变疯了，他魂也丢了，变得很孤独很凶，并且失去了与他相依为命的红脖儿狗。北山子装成哑巴来安慰他，他仇恨北山子，但终因北山子也是哑巴，他很同情和理解北山子，最终还是接受了北山子，向他吐露了自己心中最大的秘密。《野鸽河谷》中的哑娃子也是一个不幸的孩子，为了讨继父的欢心，以便使生病的母亲和刚会走路的妹妹过得好一点儿，也为了能有钱买课本去上学，他潜伏到野鸽河谷的柳尖爷家去盗取号令野鸽群的唢呐，从而展开了一场自我心灵的大搏斗……

车培晶很多小说都带有一点儿悲怆的味道，但这并不影响他笔下的人物大都有一颗善良的心。哑巴石是这样，哑娃子是这样，《远方的家乡》中打伤阿楼爸爸的黑猩猩是这样，《落马河谷的冬天》中的铁匠、《鸟笼山的太阳》中的安珍也都是这样。这些都无疑地反映了车培晶期望人类之爱的那种审美理想，而这种美的憧憬对于少年小说来说是不可缺少的。

这本集子收集了车培晶的二十三篇少年小说，大多是具有代表性的作品，我们仔细研读这些作品就会了解，这是一位颇具功底也颇有前途的作者。对于少年儿童来说，这些小说是很好的精神食粮，它会陶冶孩子们的性情，特别是能够帮助他们了解"善"和"爱"的伟大力量。我想，这正是作者所期望的。让我们祝愿他这种理想的实现。

车培晶没有上过太多的学，这对于他无疑是一种缺憾。但是，一个穷孩子的坎坷而丰富的阅历为他做了完美的补充。从这一点我们可以看到，生活对于一位作家——无论是为成人创作的作家还是为儿童创作的作家——来说，都同样是非常重要的。让我们尊重生活、热爱生活吧，只有这样才会使我们变得更加充实。

（作者系大连大学教授、作家）

一个有创意的"历史"故事（外一篇）

○ 梅子涵

  应当说车培晶以此等文字、语感乃至整体面貌写了一个"历史"的故事，是有点儿创意的。它又是一个写土匪的故事，而不是关于八路军、新四军、游击队之类的故事。

  贯穿始终几乎都有狗。日本军官禾一郎的杂毛狼狗，独臂老汉的猎狗，镇上人家的看门狗，汉奸金壶的白毛巴儿狗。不管作者是否全都有意，它们似乎都有所象征，建立了某种人的标志：骄戾、凶恶、勇敢、暴猛、可怜、阿谀、谄媚。它们多少便是那身后的人。

  说禾一郎的狗的厉害，说镇上人家看门狗的可怜、无奈，说独臂老汉在驯狗，算是卖了个关子，大年初一这天，"独臂老汉领着一群猎狗走进了桥头那边日本人的住处"，那斗狗的悬念该有个如镇民们所预料的收局了，不料它们却和老汉炸了日本军用火车必经的铁路桥。人们几乎是同时觉悟到："那独臂老汉是土匪，是当年被日本人打散的土匪。"作者这样写道，然而我们也会想到。那么这个土匪又是什么样的土匪呢？炸桥的土匪！而反过来，如果他倒是去斗了狗，哪怕大获全胜，恐怕也还是真的在一个土匪的层次上。这不是说，写"英雄"，我们一定要制造一种模式，划定一种层次，但那人物、人格的层次总还是存在的。

金壶媳妇的疯，她最后那猛然一刀，也使得这个汉奸的老婆与以往小说不一样。没错，杀金壶的准是独臂老汉，杀禾一郎的却是金壶的老婆！

询问与思考

最近读了一些车培晶的小说。有的刊物的作者介绍里写着他在大连第五十二中学工作。这使我想起见过他。几年前在大连棒槌岛宾馆的走廊里遇见一个人，他是来看望另一个人的，当时他和我热烈握手，说读过我的小说，好像还特别提到《双人茶座》，给我留下了通讯地址，我记得地址上写着大连第五十二中学。我翻起了通讯录。我有好几本通讯录，但常常是这本出现了，那本失踪了。我在最小的一本通讯录上找到了车培晶的名字，大连第五十二中学。那个人就是车培晶，我是见过的。棒槌岛宾馆非常好。我们在所住的那一层没什么人的走廊上见过。人和人的遇见，有时在记起那遇见时显得特别的有意思。

《中国当代创意性儿童小说选》这套书的《箱子巷》卷中曾选了车培晶的一篇小说《大年初一》。那也是一个写到了狗和日本鬼子的故事，里面也有"土匪"和英雄的中国人。

车培晶有些喜欢写"历史题材"。这一两年里，儿童小说中有点儿这方面的发展迹象，但是十分微弱。它们可能有些受莫言与"莫言后"们的兴趣的影响（这是我估计的，大概子虚乌有），但它们是两种东西。他们接受的只是"题材"的启发，而杜绝了某些叙述语言的模仿。我们都很清楚，那套语言和手法的鼻祖来自福克纳们。我本人就曾为那套语言和手法的阅读而欣喜而愉快过，但随着时间的推进，冷静下来后，口味与感觉都有所调整后，便觉得这样的太明显的模仿，那模仿之中甚至有着对模仿的浅薄表演，总有些不伦不类的难受感觉。当然，《狗房子》们也没去重复历史的技巧与趣味，而是进行了新的叙述尝试。人物的面貌、主题话语、故事的叙述过程与感觉……都大大摆脱了传统的虚假与笨拙。

读过不少二战的小说，包括儿童小说，感到数苏联的最好。而中国的创作状态，以其所受祸害的程度而言，则显得最为差劲。在"文革"前的《烈火金刚》《敌后武工队》之后，似乎是应该先有另一番面貌的（苏联的《这里的黎明静悄悄》《未列入名册》《岸》之类），但我们首先见到的是莫言们的面貌。各自处在不同的历史前提和文学影响下（苏联所受影响主要来自俄罗斯传统和苏联自身，而中国的莫言与"莫言后"所受影响则似乎来自欧美），文学的变化与发展难以走相同的环节与阶梯，但我深信，类似反映二战这类历史和思考的小说，无论就其文学面貌，还是应有的严肃性与深度，都不应该停留在《红高粱》这类水平上的。

关于这一点的努力和思考，也落在儿童小说作家们的面前。

事实证明，没有战争和历史记忆的后辈，可能比有战争和历史记忆的前辈更能写好战争与历史。

车培晶，关于这样的"题材"，你还能怎样写？

（作者系著名儿童文学作家、评论家，上海师范大学教授、博士生导师）

寻找支点

○ 马 力

　　一座建筑的美首先在于它的牢固耐用，这符合它的本质。艺术大厦与普通建筑最大的相似点就在于，它的美也必须是合乎本质规律的创造。艺术大厦永远建在生活的根基上，因此，艺术的内容应反映生活的规律，而它的外在形式则应体现某种艺术体裁特有的规范。符合这双重规律，艺术大厦才会获得牢固的支点。车培晶童话集《魔轿车》是童话天地里一座新近拔地而起的艺术大厦，它的支点又如何呢？

一、寻找生命的支点

　　人最初总是带着无知走进这个世界的，但无知常使人的生命发生危机。要变无知为有知就需要探索，而且当务之急就是要寻找生命的支点。"伟大的人类学家赫胥黎在一百三十年前就说过，人类所有问题中，潜伏在其他任何问题之后更有趣味的问题就是，确定人在自然中的地位以及人类与宇宙的关系，我们的祖先在哪儿起源？"关于人与环境的关系问题的探讨，从人类产生的时候起就开始了，而今仍在继续。车培晶的《影星阿布》《没有麻烦的W城》等作品都是通过对这个问题的探讨，寻找人类生命的支点。

《影星阿布》中的阿布是一头有着两颗锐利的獠牙、裹着满身松油和泥沙的野猪，森林里的小动物们都叫他"丑阿布"。他之所以成了影星，是因为在一部野猪大战老虎的片子里，他成了斗败森林之王的英雄，同时成了红极一时的影星。阿布不明白影星的荣誉只是生命的附属物，战胜环境获得生存权才是最要紧的，反而为了照一张"美"的明星照，把他战斗和护身的利器——獠牙和松油、泥沙——当作"丑"清除掉了，结果在拍野猪战鳄鱼的片子时，他惨死在老虎的手下。阿布的悲剧是在喜剧到来之后发生的，其根源仍是没有认清自己与环境的关系，在弱肉强食的动物世界，只有使自己战胜天敌，活着，才是最美丽的，战胜环境的能力正是生命的支点。

《没有麻烦的W城》中，W城中的人们个个怕生活中的麻烦事，当有人来收购麻烦的时候，他们都高高兴兴将麻烦卖掉了。不料当收购人将这些麻烦烧掉的时候，黑色的烟雾竟将太阳遮住了，W城的人们没法活下去了。后来人们各自领回了属于自己的一份麻烦，W城上空的黑云才消散了，人们的生活才恢复了正常的秩序。丢掉麻烦是W城的人们对自身生活及人与人之间关系的一种新探索，它之所以行不通，是因为麻烦从本质上说就是为了自己或他人的生存所付出的劳动，离开了它人们就无法生存，可见劳动正是照耀人类生命的太阳，是人类生存的支点。

《魔轿车》从立意上说是《没有麻烦的Ｗ城》的姊妹篇，并且进一步深化了劳动的主题。当史小旗不怕麻烦义务为别人开车时，他的车带给乘客的是方便、愉快。当他用车只为自己赚钱的时候，谁坐上他的车就会给谁带来不幸，致使史小旗的车也开不下去了。轿车的魔力与史小旗的经历向我们显示了人与环境的另一种辩证关系：当你一心为别人时，自己也过得好；当你一心为自己时，自己反倒活不下去。可见正确的人生价值观是人实现有意义的人生的支点。

环境是在不断发展、变化着的，在改变了的环境面前，人应该怎么办呢？《当树叶变成粉红色时》中阿多的作为是颇有启示意义的。阿多一觉醒来，发现世界变了：树叶变成粉红色，阿多的书包被爸爸背着上学去了，阿多需要拿着爸爸的公文包到酒厂去当总工程师。面对这种意想不到的新变化，阿多没畏缩，他大胆研制出了好人喝了百瓶不醉、坏人喝了一醉不醒的"百瓶醉不倒"酒和专为女士准备的"美容美心"酒，这些酒在市场上走俏，使工厂获得了巨大的经济效益。阿多的成功表明，人固然是环境的产物，但人又是万物灵长，只要人充分发挥自己的聪明才智，哪怕环境突变，也会通过迅速调整找到战胜环境的办法，把握住自己的命运。不僵化的思维方式和应变的能力就是人在不断变化的环境中生存的支点。

对人自身的探讨从人类认识规律上说，是紧接着人对宇宙的探讨之后发生的。它也是车培晶童话的又一重大主题。

　　人是有意识的生物，这宝贵的意识给了人类能够认识自然与人本身的自信，但也常使人类犯自以为是的毛病。在《睡呼噜收藏家》中，钢琴家的老太婆以为自己晚上睡不好觉是老头子睡觉总打呼噜的缘故。可是没想到她让睡呼噜收藏家阿玩先生将老头子的睡呼噜收走以后，自以为从此可以睡安神觉了的老太婆反而失眠了，直到重新找回了老头子的睡呼噜，她才睡着觉了。这个故事告诉我们，人要了解自己并不容易，自以为是常常是错的，只有通过实践，真正做到有自知之明，才是正确解决自身问题的支点。

　　如果说自然是个大宇宙，人自身就是个小宇宙，人只有充分开发利用小宇宙的能量才能征服大宇宙。人必须首先认识到小宇宙中有无限的潜能，然后才能进一步对它进行开发、利用。《会飞的教室》中的季小泥在画画的时候对自己没信心："我在班里画画的水平最臭。"其实是他从来没有认真画过画，所以他画画的才能一直隐伏着，直到这次画画他还是不肯画。后来，"我"和他"认认真真画了一夜"，他才真正发挥了自己的画画水平，画出来的那飞碟不仅像"真格的"，而且变成真飞碟飞上了天，带着大家去红星球做了旅行。大家选季小泥当机长，开始他说他连班干部都没当过，当不了机长，"我"说你画飞碟还是头一回呢！结果季小泥当了机长后不但指挥了红星球旅行，还带大家顺利返回了地面。季小泥前后判若两人的变化表明，人的才能从实践来，征服大宇宙不难，最难的是征服自己。给自己一个信心，这就是开发小宇宙潜能、征服大宇宙的支点。

　　人体小宇宙体现为一个生命不息的运动过程，它有自己的运行机制，倘若哪里出了故障，生命的运动就会发生危机。在《纽扣遥控开关》中，拉拉开始时总是"管不住自己"，他的生活就处于无序状态，妈妈批评他，他自己也感觉不好。自从拉拉请业余发明家达伯伯帮忙在肚子上安了一个纽扣遥控开关以后，这个神奇的开关就帮助拉拉掌握好了生活中做每件事的尺度，该行则行，该止则止，拉拉的生活走上了正确的轨道，他自己高兴，家人也满意了。拉拉的外公得了脑血栓，住进了医院，拉拉用纽扣遥控开关帮助外公清除了他血液循环系统中的障碍，外公立即就康复出院了。从拉拉和他外公的生活由不自如向自如的转变中，我们该明白，无论社会生活的进行，还是自然生命的运动，全靠其内在的固有机制的调节。只有不断调整自身行为的节与度，清除生命系统中的故障，才能使小宇宙立于一个正确的支点上运行无阻。

车培晶童话是从现实生活的沃土上获得根基，又从人类以往的智慧中汲取养料。他取了探索宇宙与人这一大视角，去俯瞰人间万象和孩子生活的细枝末节，又将自己对生命支点的寻找与自古以来人类对这一隐伏在其他任何问题之后更有趣味的问题的探索上下承继，连成一片，使他童话的命意显得大气，显得厚重，并以自己寻找到的独特的答案向世界证明着存在的价值。

二、寻找童话的支点

倘若我们将童话比作一座宝塔的话，那么除了整座建筑要有一个牢固的支点外，在它的不同层次上还应有自己的支点。

　　读车培晶童话，你会遇到一些奇奇怪怪的人物：鼻子有小山那么大、鼻孔像山洞一样的大鼻孔叔叔（《大鼻孔叔叔》），像驴一样吃草、拉磨、驾车的老狼提托（《老狼提托》），宁可让煤烟熏死、也不肯将开水壶从炉子上拎下来的宾克（《没有麻烦的W城》），识善恶辨是非、见义勇为的小熊（《阿米，你勇敢吗》），等等。你还会遇到一些奇奇怪怪的境地：人人都以大大小小、形形色色的米袋子为居所的米袋镇（《米袋镇上的故事》），人人都讨厌麻烦的W城（《没有麻烦的W城》），一夜之间树叶就变成粉红色的城市（《当树叶变成粉红色时》），等等。车培晶童话表现的就是这些奇奇怪怪的人物在这些奇奇怪怪的境地中所发生的奇奇怪怪的故事。奇奇怪怪正是我们读车培晶童话时首先会产生的一种强烈感受，这说明作家在创作这些故事时，已经找到了一种童话的感觉，读者可以将它当作童话接受。安徒生曾从广义上肯定了"人生本身就是童话"，因为"人生本身就是一系列的奇迹"。因此，从广义上我们可以认为，童话就是奇怪的故事。车培晶在自己的童话中为人们开拓出在现实生活中并不存在的第二个生活空间，它新颖、奇妙，在读者陌生的生活画面中，暗藏了生活的底蕴，以形象作为载体，感性地显示着作家的审美理想。这是凭作家特有的情感魅力和认识能力，从实际自然所提供的材料中制造出来的第二自然，它的创造符合生活与艺术的双重规律，又符合童话创造的特殊规律，因此是全新的审美创造，这就使车培晶童话在"宝塔"的根基部位找到了自己的支点。

　　任何奇异人物与境界的表现都离不开幻想，但任何好的童话都不仅应有幻想，而且应有儿童的幻想。从现代艺术童话在19世纪初诞生的时候起，它就以明确的为儿童的宏旨与古典童话和口述童话划清了界限。为了适应读者对象的需要，艺术童话作家们毫不犹豫地将幻想纳入了儿童文学的轨道。儿童幻想与成人幻想的根本区别在于，前者充分体现了儿童的心理与思维特点，从而使幻想意境的表现更纯真、烂漫，更具有儿童情趣。在《能收听到别人秘密的收音机》中，作家抓住了儿童好奇、非常想了解自己的父母及同伴心里在想什么、想了解人本身的奥秘的心理，幻想出了一台能接收别人秘密的收音机，又设计了一系列揭示父母及小伙伴们心里的秘密的故事，必然会引起小读者浓厚的阅读兴趣。真正能抓住孩子的童话才是有生命力的童话。

由于车培晶曾经做过老师，真正了解孩子们在想什么，明白正是好奇心才使小读者与童话结下不解情缘，因此他把点子打在儿童乐于问津的幻想上，所以他的童话一出手就能牵动儿童的好奇心，在儿童中立住脚跟。

"艺术着重展开人的境界"（济慈语），尤其是童话这样象征性极强的文体，更是"一切景语皆情语也"（王国维语）。车培晶懂得童话的主要对象是儿童，所以，在他的童话中，于鸟言兽语之间铺展开来的主要是儿童的精神境界。在《毛驴的村庄》中，芦花鸡、马医生等居民们虽然身上有着马马虎虎等可笑的缺点，但他们却都有一颗善良的心。特别是毛驴村长，一心为他的村民们谋利益，当全村只剩下一粒米的时候，他就把它放进磨里一圈一圈无休止地磨起来。这看起来有点儿滑稽，也许只有天真的孩子才能做出这种傻事情。毛驴村长不泄气地磨呀磨，磨间忽然纷纷落下了雪似的白面，而且越磨越多，直到村民们都有了白面，毛驴村长才停止了磨磨。这神奇的磨的作用正是毛驴村长愿望的达成，也是从善良的小孩子的心里流出的梦的实现。它带着孩子梦幻世界的浪漫和纯真，似乎能让人体察到孩子在困境中总是急于由现实一步跨入理想境地的急速跳动的脉搏，又似乎能让人嗅到从那梦里飘出的一丝丝的甜味。毛驴村长的爱民精神连小老鼠也感动了，大荒之年，老鼠一家将自己多年积贮的稻子献了出来，当作种子播种在地里。只有孩子眼中的老鼠才会这么好，因为他们心中没有成人的成见。连素来名声不好的狐狸在故事里也不那么坏，他只不过搞了点儿让人笑破肚皮的恶作剧而已。也只有对所有的小动物都一视同仁的孩子才会这样看狐狸。毛驴村景观所展现开来的人的境界，是纯真的童心世界。它带着童心全部的幼稚和公平，因而也是一个童趣盎然的至美的理想境界。

　　20世纪末叶是人类电子技术、信息工程技术高度发达的时代，当车培晶的童话鸟展开羽翼飞翔的时候，我们会看到它的双翼下面总是印有鲜明的时代印记。《会飞的教室》中能去太空旅行的飞碟、《纽扣遥控开关》中无所不能的智能电脑、《魔轿车》中能忽然变大变小的轿车等童话形象出现在我们这个时代的读者面前时，都会令人感到既陌生又熟悉，它们神奇的功能既是现实生活中所没有的，又是未来可能实现的。这些童话形象的创造充分体现了"艺术幻想，是作家不满足于模仿现实固有的形态，而按自己的需要从而虚构形象的一种创作方式"（王朝闻语）的特点。它表明神奇烂漫的幻想中常常带有科学的预见性，艺术的直觉中常常埋藏着科学发现的种子，甚至有些在今天看来根本行不通的想法正是明天科学发展的前导。可见，"想象力获取的美也必然是真，无论真在以前或以后是否存在过"（济慈语）。车培晶童话的幻想无不从儿童的现实生活出发，贴近他们所遇到的实际问题设计情节，表现他们实现愿望的种种美好的情思，充分展示他们"思想能超越事实遥望未来的一种惊人的本领"（高尔基语）。乘坐自己画的飞碟飞向太空，用自己的纽扣遥控开关去解决目前医学上还解决不了的难题，建立一个像毛驴村庄那样和谐、理想的社会——这些幻想何等无拘无束，何其辽远旷达，何等美妙动人，又带着多少实现的信心和把握！车培晶童话对儿童幻想的表现，揭示出儿童身上所蕴藏的巨大的潜在性创造力。想象力本身就是一种创造力的表现，也是人的本质力量的再现。车培晶童话对儿童幻想的表现，说明在儿童奇妙的幻想中本身就包含着真。儿童的思维没有掌握普遍的联系，没有定式，不带任何偏见，处于一种无意识的本质状态，以自己能理解的方式来传达一切、解释一切，常在似与不似之间有真知灼见，即使是在幻想中也藏着某些真理的因素。因此，他们许多不着边际的幻想于不期然中总与真理的标准最相接近。这正是幻想，特别是儿童的幻想的奇妙之处。

车培晶童话充分展示着儿童思维的特点。在《没有麻烦的W城》中，对看不见、摸不着的麻烦像看得见、摸得着的废旧物品一样进行收购，是有形物与无形物不分；在《米袋镇的故事》中，巴布尔大叔烧掉一桶桶的绿颜色，就能给米袋镇"制造"出一个暖意融融的绿色春天，是现象与本质不分；在《我和我的蜘蛛丝》中，"我"由于吃了许多活蜘蛛，居然有了像蜘蛛一样吐丝的本领，是人与动物不分；在《当树叶变成粉红色时》中，一位进城的农民请助人为乐的好民警蓝小宁的爸爸给修理塌鼻梁，他觉得蓝小宁的爸爸既然会给来往过路的行人修车、修鞋，就一定会修理他的塌鼻梁，结果蓝小宁的爸爸真的将他的塌鼻梁垫高了，这是对事物间不同的本质不分。以上种种混同倾向都是儿童思维逻辑的表现，正是这些混同才造成了与成人的逻辑思维截然不同的扑朔迷离、荒诞神奇、意趣横生的童话艺术境界。对儿童的幻想、儿童的心理及儿童思维逻辑的表现，正是车培晶童话在较高的一个层次上立足的支点。

艺术童话创作与其他艺术创作一样，永远是一种个人行为。艺术童话创作除了由艺术创作的一般规律决定外，即由人的主观需求与认知能力的历史水平这两种因素构成的张力结构决定外，还必须体现作家个人的要素，即只有作家一个人才有的性格和精神特点，它更是作品风格形成的原因所在。由于车培晶是教师出身，所以活跃在他的童话天地中的人物多是各种各样的孩子，故事展开来的多是他们活泼有趣的校内外生活。这使他的童话自带一种蓬勃向上的朝气和清新爽洁的校园气息，具有蓝天一样高洁明净的色彩和芳草园一样晶莹亮丽的风格。这并不是说车培晶的童话中没有紧张的气氛、激烈的冲突，故事情节展开来的正是人物性格间的矛盾冲突，只不过在表现上非常注意童话体裁特有的尺度，即不过激、变形和谐趣化罢了。在《大鼻孔叔叔》中，大鼻孔叔叔的大鼻子可以给孩子们当滑梯，他的大鼻孔还可容留鸡蛋孵小鸡，可是坏人要把它当成藏身之地，大鼻孔叔叔就不允许了，他一个喷嚏就使坏人受到应有的惩罚。在《睡呼噜收藏家》

中，阴谋家偷走了阿玩先生收藏的阴谋家的睡呼噜，并使它在一夜之间成了全城每个人的睡呼噜，国家命运危在旦夕，然而阿玩先生发现了这件事之后，他又收回了阴谋家的睡呼噜，避免了一场颠覆总统事变的发生。由此可见，车培晶童话即使是在表现敌我性的重大矛盾冲突的时候，也不剑拔弩张，而是通过敌我双方悬殊的力量对比，让孩子心有胜算，有惊无恐，在谈笑风生中解决战斗；不是一味暴露坏人的罪恶形成讽刺，而是嘲笑敌人的虚伪渺小，让孩子发自内心地去鄙视丑，从而形成雍容的风格。

车培晶原是一个年轻的儿童小说作家。他的儿童小说集《神秘的猎人》曾获第三届全国优秀儿童文学奖，短篇小说《纸灯笼》曾获陈伯吹儿童文学奖。现在当他用惯于写小说的手开始写童话的时候，必然要在童话这一新领域进行新探索。然而各种艺术形式之间总是既有区别，又相联系。"艺术越接近它的界限，就会渐次消失它的一些本质，而获得界限那边的东西的本质，代替界限，却出现了融合双方的区域。"（别林斯基语）车培晶的《魔轿车》既堪称一部地道的童话，又采用了某些小说的表现手段，形成了童话与小说互融的趋势。读车培晶童话首先的感觉是耐读，虽然童话中的那些童话形象都是现实生活中所未曾有的，但经过作家笔墨丹青的点染，都能"以一个活人全部的明确性栩栩如生地出现在你的面前"，体现了小说刻画人物性格所特具的生动表现力。这就使车培晶的童话更具有跨越小说与童话"双方的区域"的特点。因此，车培晶童话更准确地说应该叫"童话小说"。一个作家创作风格的初步形成和体裁上的独创性特征的形成同样是他的创作已经达于较高层次的标志。

各种艺术作品间层次的差异是客观存在的，但艺术的进步是无止境的。我们不能说哪一种艺术或哪一个人的作品是最好的，但无论对哪一种艺术或哪一位艺术家的创作，我们都可以期待更好。车培晶童话集《魔轿车》虽然是作家童话创作的处女作，但由于它言微旨大，思想宏正，艺术探索始终不离童话的基本特征，再加之作家本人有较好的艺术修养，就使他的童话从内容到形式都获得了稳固的支点。应该承认车培晶出手不凡，他的初步探索是成功的，他的童话创作一开始就达到了较高的层次。但这并不意味着他的童话就是完美无缺的。这本童话集中的作品创作水平并不均衡，有的幻想还缺乏童话逻辑的支撑，变化有些牵强；还有的童话主题不够鲜明，缺乏艺术提炼；个别幻想在细节上还显得不够合理，令人有粗糙之感。但这些不足与他的成就相比还是瑕不掩瑜的。艺术实践永远是作家进步的阶梯，对于富于开拓性的作家，人们更会寄予厚望。相信在未来的艺术实践中，车培晶会在自己作品的不完美处继续探索，并且一定会找到向创作的更高层次攀登的支点。

（作者系文学评论家，沈阳师范大学教授、硕士生导师）

在探索与扬弃中执着前行

——再谈车培晶的少儿小说

○ 古 耜

对于车培晶的少儿中短篇小说，我自感还算熟悉。大约是1998年，在他以短篇小说集《神秘的猎人》荣膺第三届全国优秀儿童文学奖之后，我曾应邀在大连的《海燕》和上海的《儿童文学研究》发表过评论文章，专谈其少儿中短篇小说的特色。在那两篇文章里，我主要阐述了这样几个观点：第一，车培晶的少儿小说从数量上讲尽管算不上高产，但却有着鲜明的风格追求和成功的文本建构，而且产生了良好和广泛的社会影响。这说明，作家有生活，有思考，有才华，耐得住寂寞，下得起功夫，因而极有潜力，也极具前景。第二，与新时期以来少儿小说多注重"快乐"和"好看"相区别，车培晶的少儿小说将艺术视线对准了少儿世界里远不那么轻松完美的一面，通过对主人公命运或经历的描述，揭示了生活中苦难、创伤和缺憾的存在。这固然使作品显得有些沉重，但这种沉重对于新一代少儿读者来说，同样是不可缺少的。第三，在具体的艺术创作中，车培晶的少儿小说善写战争背景，也善写动物与人，还善于将二者结合起来，让其互为生发、互为映衬，从而有效地强化了作品的个性色彩。第四，车培晶的少儿小说讲究叙事角度和情节节奏，注重场景的调度和氛围的营造，其语言基调则是缓缓而又涩涩的诗意，这决定了作品具有较高的审美价值，经得起咀嚼和品味。我不知道这样的观点在多大程度上接近了作家的文本实际，但至少就主观而言，我是尽心尽力了，且没有虚与委蛇的成分。

从那时到现在，八年的时间过去了。这期间，车培晶虽然拿出了相当的时间和精力从事长篇童话的创作，且取得了显著成绩，但是，却不曾因此就让自己的笔墨告别少儿中短篇小说，而是在致力于童话写作的同时，坚持根据题材的特点选择体裁，一旦有新奇的生活发现和成熟的艺术构思，仍旧从容不迫而又一丝不苟地创作着少儿中短篇小说。而代表作家这方面最新成果的，则是即将由辽宁少年儿童出版社推出的中短篇小说集《沉默的森林》。

此时此刻，读着车培晶《沉默的森林》一书，我的感觉可谓既熟悉又陌生。之所以说熟悉，是因为作家的这些新作同旧作相比，并非是全然的另起炉灶，一味地别出心裁；相反，它们与旧作之间保持着明显的血缘关系，表现出"新"对"旧"的衔接和赓续。譬如，它们一如既往地注视着即使少儿世界亦无法完全回避的逆境、创伤和苦难，希望通过对逆境的透视、对创伤的疗治和对苦难的回味，强化小读者生命的钙质和心灵的承受能力；它们依旧喜欢把战争背景和富有人性的动物当作重要的表现对象，力求凭借孩子与战争、孩子与动物的奇特关系突出作品的艺术特点与个性；它们始终不放弃手法和语言上的精雕细刻，坚持不懈地营造诗的境界、诗的意味、诗的氛围、诗的美感，以此增添作品的艺术表现力和审美感染力等等。至于陌生的感觉，则显然来自作品所传递出的那种衔接中的变化和赓续中的突破。这也就是说，作家在绘制自己的少儿文字世界时，虽然很珍惜已经形成的艺术风格，但是，却决不为这种风格所囿，而是注意从不断变换的社会生活、历史语境和少儿心理特征出发，自觉地扬弃、调整和更新着笔下的审美形态、精神指向和艺术时空，从而使作品于整体上呈现出开放、鲜活和进取的态势，挥洒出一种跃动不居而又生机勃勃的韵致。具体来说，表现在以下几个方面：第一，就审美形态而言，车培晶的少儿中短篇小说新作，虽然依旧保持着诗的韵致、诗的氛围、诗的美感，但这种韵致和氛围已不再依托纯粹的写实风格，而是在大体真实、可以感受的生活场景和生活基调之中，巧妙地融入了童话作品每见的拟人、隐喻、变形和魔幻等因素，以至形成了一种亦真亦幻、亦正亦奇、摇曳多姿、神驰象外的艺术境界。不妨以短篇小说《快乐在每个角落都会发生吗》为例。这篇灵动而深情的作品，讲述了围绕六年级女学生米粒粒失踪所发生的故事。只是这个米粒粒的失踪，并不是现实生活中少女的离家出走或遭遇不测，而是她神话般地变成了一只萤火虫。至于她情愿变成萤火虫的原因，按照作品的形象化提示，则是从家庭到学校、从父母到同学都普遍讨厌她、嫌弃她，也就是说，在现实世界里，她几乎得不到爱护和尊重；而在虫子的世界里，她可以对许多儿女发号施令，获得极大的心灵满足。当然，由少女变成萤火虫终究是要付出代价的：一天即等于七年的时间置换使她迅速衰老，直到死去；况且在这极其短暂的生命过程中，她毕竟依旧留恋着学校、课堂，也留恋着老师、同学……面对如此这般的描写，我们很容易想起卡夫卡的《变形记》。而正像卡夫卡笔下的人变甲虫包含着深刻的社会寓意一样，车培晶讲述的少女变萤火虫同样承载了丰腴的生活内蕴。这当中有环境对少儿成长的重要意义，有偏见带给同学情谊的负面影响，有师生之间和同学之间的心灵相通，有少年儿童需要尊重和承认的渴望与追求，以及他们对知识、对校园的牵念。显然，正是这种魔幻式的审美形态把作品带入了一个很有意味的空间，让人做多方面的思考。

同样，在中篇小说《老骒，老骒》中，作家一反叙述的常态，用拟人的手法，把牲口"老骒"当成了主人公，让它时而以娓娓道来的声调，言说小老头的勤劳、质朴和正义、善良，以及他女人的温和与健壮；时而用充满仇恨和愤怒的口吻，控诉日本侵略者的凶残和骄横，展露自己复仇的意念；时而抛出深情的目光，表达对七娃子的亲昵与挂念；时而透过赞许的自语，转述小老头、姜米汤、老夏伯伯的斗争行为。所有这些因为都是"老骒"的体验和感受，所以，不仅拉开了"畜"与"人"的距离，平添了艺术场景的陌生化效果，而且凭借牲畜特殊的经历和"自由"，从多方面揭示和强化着中华民族殊死抗战的精神。短篇小说《母狼阿姆》《鬼使神差》等，都在拟人和虚幻的描写中，包含了深邃的人性体验，完成着各自的艺术主题。它们似乎都在证明：对于文学创作来说，任何审美形态的变化，说到底，都是对作品内容的深化和效果的生发。

第二，就精神指向而言，车培晶的少儿中短篇小说新作，虽然依旧关注着少年人生的种种缺憾和不幸，但其笔墨却分明不再停留于对小主人公命运的哀叹和境遇的同情，而是在此基础上，更多地指向了他们面对苦难和不幸时的奋起反抗与顽强斗争，指向了他们在反抗与斗争中特有的、丰富的人性世界和曲折的情感历程，由此树立起了勇敢、正义、善良而且不乏牺牲精神的少年形象。请读读短篇小说《沉默的森林》吧，这篇作品的小主人公是一个只有十二岁的孩子，他的父亲被日本人拉去修机场了，母亲和妹妹得了伤寒，病倒在炕上。为了养家糊口，他只好一个人去海拉尔大森林里挖草药。在无边的林海里，他一边回想着父亲带自己挖药时的幸福场景，一边痛骂着日本人的暴行。这时，他遇到了迷路的日本兵"老刺猬"，以及随之而来的大黑熊和恶狼。出于走出森林、保住性命的考虑，"老刺猬"一再笼络和收买孩子，让他替自己引路；在大黑熊和恶狼即将伤及孩子时，他甚至开枪加以保护。所有这些对于孩子来说，虽然也产生了一时的错觉和片刻的温暖，但却最终无法消除内心深处对侵略者的仇恨，于是，当他意识到"老刺猬"有可能逃出森林时，便毅然拉响了挂在其后腰上的手雷，与敌人同归于尽。

短篇小说《红麻山下的故事》，为小读者讲述了另一个孩子的故事：喜欢下套捕捉猎物也喜欢黑鬃马的他，被迫陪同少东家去看日本人的小火车，没想到巧遇山胡子袭击，他同少东家一起被日本人抓去做了劳工。地主的压迫使他一向对少东家没有任何好感，但是，在日本人的欺凌下，他竟对少东家产生了同情和怜悯之心，把他当成了落难之中的朋友。最后，在黑鬃马突然到来，他原本可以骑马脱离险境的紧要关头，为了带少东家一起逃走，他竟然舍弃了自己的性命。

这在以欢乐为主调的少儿文学天地里，已属凤毛麟角。然而，正是这种凤毛麟角，又反过来成就了这些艺术形象的思想和认识价值。

因为一个显而易见的事实是：无论社会环境和时代风尚发生怎样的变化，爱憎意识、牺牲精神和悲悯情怀，都是青少年一代不可或缺、需要从小培育和确立的主体素质。车培晶的小说以"众皆避之，我独趋之"的勇气描写了它，这便给多少有些飘浮的时代气氛，注入了一种急需而又可贵的心灵元素。

第三，就审美视线而言，车培晶的少儿中短篇小说新作，虽然依旧不曾放弃对战争年代和过往岁月的反观，但却不在这里做过多的逗留，而是将笔墨更多地指向了光怪陆离的现代社会和瞬息万变的当今生活，热情关注和精心描写了新一代少年儿童的精神面貌与心理特性。譬如，短篇小说《鬼使神差》，讲述了小主人公侯立刻和好朋友许速救出女同学秦小唧的一段经历。由于拳王阿里梦中相约、外星人驾驶飞行器进入城市等情节的出现，整篇作品充盈着浓郁的现代科幻气息，而它的艺术着力点则是要告诉读者：今天的少年儿童尽管表面看来不那么循规蹈矩，有时甚至有些调皮捣乱、不务正业，但他们的内心深处却仍然保存着难能可贵的正义、善良和友爱。对他们，整个社会都应当有足够的理解，持全面和正确的评价。与这部作品有异曲同工之妙的是中篇小说《模特儿橱窗里的隐秘》。它写的是十五岁的学画男孩徐小网，因为喜欢上了商场橱窗里的俄罗斯模特儿小姐，而稀里糊涂、不由自主地卷入了一场帮助弱者、对抗强暴的斗争。而支持着他将这种行动进行到底的，固然有大男孩在大女孩面前萌生的矜持和自尊，以及隐隐约约、朦朦胧胧的爱恋之情，但更重要和更带有根本意义的，却分明还是人性的同情与向善，是对邪恶和暴行的憎恶与排斥。这使我们看到了当代少年儿童复杂中的单纯、变化里的恒一和平凡间的高尚。与《鬼使神差》和《模特儿橱窗里的隐秘》有所不同，短篇小说《听，野人的声音》，让作者的艺术瞳孔离开了喧嚣的都市，而进入了荒僻的大山。它写了以长腿子老师和金发女人等科学家为代表的现代文明向大山的迈进，也写了爷爷和奶奶对这种文明的排拒，而处于两种力量拉扯之中的"我"——兔子，则常常感到困惑、迷茫和无措。显然，这是今天中国大地上依然存在的另一种少年人生和少儿心态。应当承认，诸如此类的作品，因为比较贴近当下少年儿童的生活经验、心理实际和审美情趣，所以，更容易赢得小读者的欢迎，也更容易在今天的环境中传播和流行。

丰富的文学创作实践告诉我们：一个作家通过探索和尝试形成自己的艺术风格已是相当不易，而在形成风格的基础上，再行努力，以超越和发展自己的艺术风格，则更为困难。令人欣喜的是，车培晶的少儿中短篇小说在相当程度上实现了这种立与破的跨越，这不仅使作家笔下的少儿世界总有一些奇异陌生的东西出现，从而给读者以新的启迪和感受，而且为整个文学创作提供了成功的经验和良好的借鉴。从这一意义上讲，我们应当充分重视车培晶的少儿文学创作。同时，也希望作家能在艺术发展与创新的道路上，孜孜以求，再接再厉，不断取得新成绩。

（作者系辽宁省作家协会特邀评论家，原《海燕・都市美文》主编，中国作家协会会员，中国散文学会常务理事）

"换种活法"式的精神旅游

○ 余　衡

人们读文学作品，除了要理解和体验自己所处的生存状态之外，往往还希望看到自己生活圈子以外的事情，这样的愿望是很自然的。这就和旅游一样，在一个地方待久了，很多人就会想到要到更远的地方去见见世面。

虽然我不擅长评论童话，近来却很有兴致地读到了不少童话新作。是不是能这样说，童话新作中有很大的一部分是在描写大多数人想要知道但是一时还不属于他的生活。童话之所以是童话，就是能让人身临其境，"换一种活法试试"。当然，这只能是一种属于精神性质的旅游。

车培晶的童话《装在橡皮箱里的镇子》和《满嘴珠光宝气》，都有让人"换种活法"的故事。

当然这和传统的童话不同。传统的童话中能一下子改变人们的生活，比如普希金的《渔夫和金鱼的故事》里，一条金鱼就能改变一家的生活。作者无意让人真正享受到"新的活法"。作品的主题是建筑在人是否知足的基础上，那位渔夫的老婆终于因为自己过于贪婪，换了一种活法之后又换了回来，连累老渔夫一直受穷。而格林童话中的《灰姑娘》却在告诉人们，只要善良，人们总有一天能遇见自己的王子，将贫困的生活抛在脑后（本人漂亮贤淑是必要的条件）。

传统的童话是有收束的，它总是要将某种类似主题的东西交代明白。这就令我们在多少年之后对这些作品还不会误解。车培晶的童话是新世纪的童话，他似乎是将精神旅游贯彻在文章的始终。所谓"换种活法"，就是让人们享受一下别的一种生活氛围。而且这样的童话似乎并不重在说明什么，教育什么，这样的童话的结构是很开放的。不过，既然是人在讲故事，必然要将他生活的文化环境介绍出来，在介绍的同时，他当然不可能隐藏他的倾向和他自己。

在《装在橡皮箱里的镇子》里，我们见到了一个镇长，名叫老橡皮。我们没有看到他如何治理这个小镇，却总是看到他将自己的小镇装在箱子里，扛在肩上。这样他的小镇就可以如同摇篮一样，"让绝大部分的人都做着和哺乳时期有关系的梦"，这是何等有象征意味的细节，正可"意会"到一个真正的好官，总是将百姓"系于一身"。作品没有写到老橡皮的艰难，但是在铁路上的一幕，也能稍稍让人"意会"到，一个当家人烦心的事情还真不少。由于老橡皮的尽职，由于他的领导艺术，由于他受到人们的尊重，他总是能将问题解决得非常妥帖。

当然，我这样看待童话作者不一定会同意。但是，这样的理解似乎至少能对两个片段产生联想。因为作者似乎还有其他的片段，有一个长长的"系列"，我不能保证作者在其他的童话片段中还能保持这样的联想。当我们见到两个小偷进入橡皮箱，然后将这个小镇偷走了之后，我们见到了另一种精神旅游。这就是让两个小偷"换了种活法"。他们"从未当过官，所以他们决定先当当老橡皮这种小官，看看乐趣到底有多大"。但是，他们并没有乐趣，他们的日子并不好过。首先就要解决居民的肚子问题，小偷依照自己的逻辑去偷，马上就有一个警察来到小镇上，这样，他的营生就不能再干了。小偷躲了起来，为了不让人们知道自己躲在什么地方不得不将自己的肋骨给狗吃。故事当然有了一个将老橡皮请回的结果，两个小偷的精神旅游也就此结束。

原来，当官的过得竟然比小偷还糟糕。

我们的精神旅游还在继续，另一篇童话告诉我们的故事是：一个孩子突然被发现嘴中牙齿全是珍珠玛瑙。这样，他就从一个很普通的小孩，突然变成了一个相当于富翁的人物。这样，他的活法和以前完全不同了，作品中的人物也就会和读者一起进行精神上的旅游了。这样的旅游结果如何？我们翻过故事设置的重重山岭，终于知道了，原来是小主人公嘴里又有了一副好牙齿。至于在此期间他所受到的胆战心惊的恐惧和折磨，却正是这个精神旅游所带给人们的一个警告——你有钱了，就要受到人们的注意，你不得不由保镖来保护你，而被保镖保护的滋味其实并不好受，你的生活也并不自由，你的许多许多的钱也没有花掉的机会。

原来，有钱的滋味并不比没钱好多少。

我这样评析童话，并不是说，这两篇童话的全部似乎都是在说不要当官，不要发财，不要有与众不同的愿望，平庸过小日子就行了。我恰恰感到的是，这就像是一个旅人一样，无论走多远，他最后总是要回到家乡来的。我这里说的家乡，也就是很接近生活实际的那种心境，是心灵的家园。

而且，作为创作心理的探索，我们能见到作者其实是一直背负着自己的心灵家园在旅游的，就像是在真正的旅游中，我们一直有一种挥之不去的乡恋。作者为我们设定的人物，并不是那些真正有官瘾的野心家和那些一心做着发财梦的家伙。《装在橡皮箱里的镇子》里的小偷，似乎还懂得"当官不为民做主，不如回家卖红薯"的道理，他当不好镇长还很羞愧，还知道要躲起来。这样"忠实"的小偷，似乎有"盗亦有道"的境界，除了他的"职业"见不得人以外，其他方面还是很可爱的。而《满嘴珠光宝气》中的那个男孩则更是我们生活中的孩子了，他的道德评判标准，和学校中的孩子没有什么两样。所以童话还是童话，还是我们生活中的孩子的心灵的写照。尽管童话写得光怪陆离，"旅游"得似乎很远，作者的心灵并没有离开他的家园多少。

我并不知道我是不是说对了，但是，我觉得我是这样地看到了。面对扑面而来的东方和西方的现代童话，我们似乎有一段时间眼光迷离；还是社会文化这把钥匙给了我们一种提醒，原来，虽然我们可以在无边无际的天空中遨游，但是我们不得不站在我们所属的文化大地上。我们完全可以这样理解，童话所写的完全可以是人世间所没有的，但是因为作家是人世间真实的人，他的思想一定是人间应有的思想。据此，我们已经看到了童话的变化，因为文化环境的变化，我们看到的新的童话（如《哈利·波特》和中国新出现的一些带有探索性的童话）已经在表现电子时代的一些人的文化观念了。这当然是普希金、安徒生和格林时代所不能做到的。而我们在中国一些据说"很洋气"的童话中，也还是看到了东方的某些特征。回过来说，车培晶的童话中的"精神旅游"还是带有很浓的中国传统色彩。

　　一下收到两篇童话，读完之后，却感到两篇似乎有点儿高下不齐。尽管童话是可以神游天外的，但即使荒诞，也要有荒诞的逻辑。童话中的细节，并不需要像小说一样强调真实，不过依然需要某种逻辑系统中的合理性，需要在全部作品中"圆起来"。《满嘴珠光宝气》的想象力好像不如《装在橡皮箱里的镇子》，这当然不是能力的问题，而是想象还需要童话式的整理。将一颗星想象成牛郎，将另一颗星想象成织女，这样的想象方式属于天文学家。而仰天观望，能说出一个牛郎织女鹊桥相会的故事，才是童话作家想象力的体现。这时，银河和被银河分开的两颗星星就成了一个整体，它们在同一个故事中存在，它们属于同一个逻辑结构。《满嘴珠光宝气》的想象有一些随意，作品中不乏闪光的东西，但是缺憾就是在这样的随意中出现的，闪光的星星太多，而带有逻辑感的银河并没有贯穿其中，这时的"精神旅游"兴味就不太浓了。

　　（此文与《装在橡皮箱里的镇子》《满嘴珠光宝气》同期发表于《儿童文学选刊》2002年第1期头题，作者系上海市文学评论家）

建构儿童梦想的诗学
——论车培晶的儿童文学创作

○ 张学昕　吴宁宁

　　童年的梦想因为充满自由、纯净与生命活力而成为人类存在永恒的心灵皈依。童年梦想的舒展不仅能实现对成人世界的喧嚣、功利的疏离，而且能使作家通过写作重新回到自我童年的生命体验之中，重温生命中曾经被遗失的本真状态，在生命的自然敞开中与自我内心、与孩子实现灵魂的对话。"一个静止不移的但永远充满活力，处于历史以外并且他人看不见的童年……在它被讲述时，伪装成为历史；但它只在光明启示的时刻，换言之在诗的生存的时刻，才有真实的存在。"既然童年本身是一种诗一般的存在，那么在我们作为成人而创造的童年想象中，其生命真谛与至上境界即是童年中梦想的诗学的建构。大连作家车培晶的儿童文学创作就是在此基础上孕育和生发起来的。只是，车培晶的梦想诗学绝非仅仅充满理想的美好与光明，他还以特有的诗学方式言说着生命中成长的苦难，使小读者在自由畅想与满足的同时也在爱的引导下直面生命的真实。

一

　　梦想不仅仅只是儿童用以理解生活于其中的世界的手段，它实际上是儿童存在的一种方式，是儿童生存的一种状态。童年的梦想虽然有别于现实生活，但它却是儿童真实生活的一部分，它装饰着儿童创造的世界，拓展着儿童的精神生活空间。车培晶在谈到自己的写作时曾说："我喜欢在静静的拂晓写童话，因为这时人们都沉浸在最深的梦间。世界不再是原来的样子，好像唯我在空荡荡的世界里无拘无束地寻觅，展示想象，向醉梦中的人们讲述好玩的故事。"由此，我们感到，车培晶的儿童文学创作是以想象为依托来建构一种关于儿童梦想的诗学。大连学者古耜曾经这样评价车培晶的写作："就审美形态而言，车培晶的少儿中短篇小说新作，虽然依旧保持着诗的韵致、诗的氛围、诗的美感，但这种韵致和氛围已不再依托纯粹的写实风格，而是在大体真实、可以感受的生活场景和生活基调之中，巧妙地融入了童话作品每见的拟人、隐喻、变形和魔幻等因素，以至形成了一种亦真亦幻、亦正亦奇、摇曳多姿、神驰象外的艺术境界。"其实，不仅是中短篇小说，车培晶的许多长篇小说也是以诗的方式展开他的想象与叙述的，比如他的长篇小说《我的同桌是女妖》及近作《亲亲我的白龙马》等。

　　在儿童文学的创作中，童年的梦想常常因为其自由与无忌而在书写中被夸张为幻想。幻想叙事也因此而成为儿童文学中最普遍的一种叙事方式。从精神分析学的角度看，童话在特定意义上就是儿童的梦幻。它的功效之一是帮助儿童在想象中减轻困扰他们的无意识压力。与普通的梦所不同的是，童话之梦不但具有梦的一般特征，而且是"集体无意识"作用的结果。它有前后一致的结构、明确的开端、展开的情节以及圆满解决问题的结局。同时，这种"集体无意识"的梦需要儿童的自由联想来使故事获得充分的个人意义。此外，童话不同于那些孤立的单个的梦，一个孤立的梦境没有多少意义，而童话是一系列的梦，那一再出现的母题就成为从童话中浮现的解析其象征意义的根据。西方幻想文学的叙事模式大致可以分为四种，这是按照作品人物形象的建构方式加以区分的。第一类是拟人体形象的生物幻想，即赋予非人类的形象（主要是动植物）以人类的特质和本能；第二类是超人体形象的神魔幻想，这类形象具有超越人类的多种多样的本领或握有魔法、魔术，比如《指环王》《哈利·波特》；第三类是常人体形象的世俗幻想，这类形象就是人类社会的普通人，但经过艺术加工、夸张以后，同样成了幻想世界中才能出现的角色；第四类是智人体形象的科学幻想，这是存在于科学幻想四维空间中的特殊形象，如机器人、外星人、克隆人、隐形人等。车培晶的小说中关于幻想的叙事有与西方幻想叙事重合的地方，也有他自己的独特探索与尝试，显示出别具一格的审美意义。比如他的小说创作中常常凸现出一些生动形象的动物形象，这些动物形象已不仅仅是小说主人公的陪衬或补充，而且还对小说的精神核心与人性表达起到了重要的暗示或象征作用。比如中短篇小说《墨槐》中的红脖儿狗的描写暗示了人性的残忍；《老骡，老骡》中的老骡时而温和时而愤恨的两种口吻象征着对于生活对于善恶的态度；长篇小说《亲亲我的白龙马》中勇敢、自信的白龙马象征着指引贾小悉等孩子们成长的精神伴侣……这些动物们所涉及的主题包括谦让、分享、诚信、专注、承担、奉献、勇敢、自信、友爱、互助、智慧、感恩等。这些美德都是孩子在成长过程中所不应回避和绕过的，而且，正在成长中的孩子们，也特别需要这样一些温馨故事的滋育。作家把它们讲述得那么亲切和有趣，使那些动物们身上寄托的人性光芒具有孩子们乐于接受和容易感受到的亲和力与感染力。

正是因为童年的梦想充满自由与天真，所以它常常借幻想之力来达到现实中难以实现的事情。这种幻想之力体现在儿童小说中即是对"魔力"的想象、抒写。这些魔力来自孩子的内心——童真的心灵力量，来自曾经是孩子的成人作家们放弃过的某些幻想的心灵废墟。朱迪斯·维尔斯特曾说过："我们终生都通过放弃成长着。"放弃的或者是天真的信仰、无畏的勇气、质朴的善良与缥缈、遥远、难忘而又梦幻般离奇的幻想……因此，童真的梦想的延伸——魔力，就更加突显出人作为一个原初生命个体的精神完整与心灵力量。车培晶在他的小说中常常将他的人物形象、动物形象及一些原本没有生命的东西赋予神奇的魔力，如《会飞的教室》《没有麻烦的W城》《我的同桌是女妖》《亲亲我的白龙马》等。这些具有魔力的人或物都具有孩子般的天真、烂漫和善良，魔力幻想的审美意境在"真"的情理之中显示出诗的韵致。

　　诚然，梦想的舒展与延伸离不开"真"，这里的"真"指的是现实生活中已经发生的或者可能发生的，即现实的和存在的。虽然儿童的思维没有普遍的联系，既不着边际，也没有定式，却常常在似与不似之间有真知灼见，在没有偏见的本质状态中与真实不期然地相遇。凡是优秀的儿童文学作品，都是将梦想世界与现实世界较好地融合在一起，它们既有奇幻美好的品格，又具有隐喻和象征的社会意义，传达给读者的不仅仅是"好玩的"或"有趣的"童话世界，而且展示了现实中的世态、人情、人性。它让读者欢笑，也让读者思索，这是儿童文学最难能可贵的品质。

　　儿童文学评论家谭旭东认为："儿童文学新主流创作应该是'人文主义写作'，即'儿童本位'的艺术写作。作家要真正关注儿童的生命状态，真正理解儿童的精神世界，并且能够从多种视角切入儿童的生命本质，从而以精美的文字来呵护童心、捍卫童年。"但是其实直到近几年来，张扬人文精神和儿童生命关怀的儿童文学写作才逐渐被大多数写作者及评论家认可，成为儿童文学写作的主流。

　　然而，车培晶作为一个极具责任感与使命感的作家，自创作伊始就执着地坚持以人文主义的姿态、以现代的儿童观融入古典主义的情调，以浪漫主义的语言来建构自己的文学世界。在他的梦想诗学的创作中，既充满儿童文学的趣味，又承载着人文关怀的寄托；既关注儿童的当下生活，也关注儿童的精神世界，探寻他们独特的生存状态，其小说的内涵中渗透着一种更为深远的悲悯精神。这在我国当代的儿童文学写作中是极其可贵与超前的。

如果说，"艺术着重展开人的境界"，那么，儿童文学艺术着重展开的则是儿童的境界——儿童的精神境界。既然儿童有自己的精神世界，那么这个世界自然会拥有自己的精神哲学。人类学家泰勒就认为原始人是"原始哲学家"或"古代野蛮哲学家"。儿童当然也是"哲学家"，他们有自己观照世界的方式。那种原始思维、那种主客体不分的"非二元论"、那种通过想象力对自己的困惑的无穷无尽的探索，就是儿童作为深刻的哲学家的体现。

皮亚杰就认为儿童的哲学是一种内隐的、含蓄的、隐喻的哲学。马修斯也认为，儿童的观点并非全是浅薄无知的黄口之言，儿童的头脑中甚至常常会思考那些公认的伟大哲学家们所困惑的问题。正是因为儿童内在生命的深奥性，法国哲学家加斯东·巴什拉认为"童年是存在的深井"。对于儿童精神哲学的探索，车培晶在他的儿童小说创作中就很自觉地突出实践了这一点。他的梦想诗学绝不仅仅是美好、光明的东西，而是常在梦想的叙述中融入更多的现实，使小读者在梦想自由跳跃、飞翔的同时感受到现实的存在，使小读者的内心有所牵动，令他们由此联想、体会到自己成长中的真实境遇，以此能够直面人生的苦难。尽管车培晶的很多儿童小说以童话故事为依托，但是无论这些故事中人物的情感与境遇多么玄妙，真正牵动我们心灵的往往都是故事中所折射出的那些主人公们真实的生存状态及精神世界。《野鸭，野鸭》中的吕小犁在人们的忽略与放弃中坚持自己的信念，甚至为了反抗而做出了违背自己心愿的偏激行为，最后竟真的成了一个傻孩子；《落马河谷的冬天》以一个孩子的视角，透视下层生活境遇中孩子成长的艰辛、精神世界的美好以及道德的光辉；《鸟笼山的太阳》以一对盲人夫妻的女儿安珍的视角，写出了夫妻二人如何以相互体贴、心心相印的方式化失望为希望；《墨槐》中两位从此不语的孩子与那同样缄默的大墨槐融为一体，显示着在言语如沙漠般隔阂的喧嚣生活中年轻生命们的坚强与决绝。这些同样天真、纯洁的孩子们在不同的生存境遇中有着各自不同、甚至截然相反的成长历程与生命状态，成长中不仅仅有阳光和花香，也不仅仅有美好与幸福，更多的是严酷的真实，但是他们都以自己独特的方式演绎出在苦难成长中的生命本色与精神力量。这即是车培晶儿童小说的精神内核。

三

　　当代中国文学历来有着叙述生命苦难的文学传统，显示了文学的忧患意识与作家的社会责任感和使命感，体现了文学对人的生命价值的尊重和作家的人文精神。在当代作家的"苦难文学"里，艾青、牛汉、公刘、曾卓等的"归来者的歌"和"伤痕文学""反思小说"等，都是关注苦难、描述苦难的作品。它们不仅体现了新时期文学的重要创作实绩和特定审美追求，从中国当代文学创作史看，更体现了文学史意义、严肃文学意义和社会现实意义等多种审美价值。的确，文学关注人类痛苦与社会苦难，是对人的基本权利的尊重和生命价值的关怀。如果我们的文学对人类苦难缺乏感受甚至麻木不仁，则是文学的悲哀、作家的失职。文学的苦难意识是与文学家的社会良知、善良心和同情心连成一体的。但新时期以来，"苦难文学"描述最多的是农民的苦难、知识分子的苦难和当今下岗工人和城市待业平民的苦难，还极少有人对儿童的苦难特别是农村儿童和城市贫民家庭儿童的苦难进行过深刻的描述和洞察。儿童文学本来有良好的现实主义传统，作家对苦难的关注一直是非常自觉的，如叶圣陶和张天翼的童话与儿童小说就树立了"苦难文学"的光辉丰碑。可近几年来，新生代儿童文学似乎背弃了这一传统，许多作品都具有不可忽视的"都市贵族化"倾向，儿童文学作品不再是对底层儿童的生活和情感的再现或表现，而是追随都市商业化进程和休闲文化的脚步，"淡化苦难，表现快乐"成了许多作家的创作取向。

车培晶的儿童小说创作中则自觉地融入了苦难意识，这在儿童文学作品中是并不多见的。读车培晶的小说，总是能在他编织的自由幻境与美好梦想之中感到一些沉重的东西，有时隐隐约约，宛如水墨写意；有时又跃然纸上，仿佛夜半歌声。我想，这就是他作为一个极具责任感的作家精神禀赋的自然流露吧。儿童文学创作与其他艺术创作一样，永远是一种个体的心灵表达。对于生命的苦难，车培晶有着极为深刻的体验，那么这种生命体验在他的写作中必然会成为一种思维与表达的强烈自觉。但是，他所选择的写作对象却是一群最纯洁无邪的孩子，面对他们的天真烂漫，面对他们对生命唯美的情感期待，他该怎样既给予他们丰富的情感满足，又不使他们的梦想完全脱离存在的真实，以避免他们在残酷真实面前变得脆弱与无助呢？这就需要更高的心灵质量与强大的精神力量。因此，为孩子们写作，从来就不仅仅是个职业问题，而更是一个"心灵问题"。我想，所有为儿童写作的人，只要你一开始就从无数条林中小路中果断地选择了这一条，那么，你就应该做好准备，那就是肩负着在孩子们白纸般纯净的心灵画板上涂写生命真实的重任，同时还要忍受梦想世界与现实世界之间的落差所带来的矛盾与痛苦。但也正是这种撕裂般的落差体验，使作家的体验更加深刻、生命更加完整。相信车培晶的创作之路就是这样一路走过来的。

凯斯特纳说过："真正意义上的人就应该是保持童心的人。"童心象征着生命纯洁、自然、美好的原初状态，令人想起一种不被世俗浸染的圣洁与无瑕，童年的经历与一个人的一生有着千丝万缕的联系，童年的梦想与情感体验甚至积淀成了很多人一生的精神基调。难怪国内外都有很多著名的作家和儿童文学写作有着种种渊源，那是他们在写作的精神之旅中一种自然的生命回归。但是其中真正自觉选择儿童文学写作，并始终执着地坚守这个选择的人并不很多，车培晶即是其中坚定的一员。他深深地爱着自己的选择，将它视为自我存在的方式。虽然他的写作道路并不是一帆风顺的，尽管在他的写作整体上还存在着某些作品质量参差不齐的现象，但是他那诗意的梦想、峭拔厚重的语言，以及极具责任感与使命感的自觉写作精神，令他的小说写作在儿童文学的长廊中闪耀着独特的光辉。

（作者张学昕系辽宁师范大学教授、博士生导师，文学评论家，《当代作家评论》副主编）

有梦的孩子

○ 傅　薇

　　车培晶的《飞机效应》是一篇关于梦想的儿童小说。

　　想象力丰富的孩子有两个世界，一个是现实世界，另一个是比前者更为宏大的梦想世界，而他们就是梦想世界里的王，在那里他们能暂时告别现实的束缚，自由地翱翔。作家满怀赞誉之情为我们刻画的就是这样一个孩子。"我"是一个有着非凡梦想的孩子，虽然是成人眼里的"小人物"，但"我"有开飞机上天的大梦想，而且"我"要把这个梦想照进现实——自己动手造飞机。

　　手工造飞机，荒诞吗？在应试教育体制下，像是天方夜谭。学校里老师只把成绩优秀的孩子看作好学生，选作干部，当作榜样；家里父母总以成绩当作评判孩子的标准，刻苦努力学习的就是好孩子，反之就是坏孩子。孩子们被迫放弃锻炼动手能力的机会，就连爬树、丢沙包、滚铁圈这样的游戏都越来越少人玩，航模制作更是鲜有孩子能够独立完成，何况是"异想天开"地造真飞机呢，这是多么新奇而有意义的题材！作家不仅赞美了孩子的想象力和勇于实践的魄力，作品本身也体现了创作者超越世俗功利、从儿童本位出发的独特视角。

小说中的"我"瞒着乡里人，和小哥一起建起秘密基地，为实现自己的梦想努力。一个采购，一个制造，画图纸，找零件，而且必须是旧物利用，两个小家伙忙得不亦乐乎。

"我"是乡里著名的逃课生，小哥是公认的天才，两个在众人眼里天差地别的孩子却因共同的兴趣走到了一起。为了造飞机，"我"奉献了父亲的摩托车，想尽了各种"鬼主意"；小哥则被他父亲捉回家，半夜又偷跑出来继续制造。在梦想面前，没有所谓的优等生、差等生之分，只有为理想执着的好孩子。

每一个孩子都应享受到童年的美好，享受到生命成长的快乐，可在现实中他们往往要承受成人社会的文化期待。飞机还没完成，天才小哥就被父亲抓走了，"他父亲啥活也不干，天天在家看着他做功课，要他开学后重新坐到全乡考试第一的宝座上"。小哥终于被父亲送到县城去上学了，再也不能造飞机了。大人们常常一边对孩子管头管脚，一边又抱怨下一代为什么越来越没有想象力和创造力。仔细想想，到底是谁折断了孩子梦想的翅膀呢？原因很复杂，但成人的功利教育和学校的应试教育也许是其中的主因。现实生活中，孩子要是不小心弄破了手指、弄脏了衣服，家长老师就会阻止，不让他们动手。像小说主人公那样在森林里待一夜，被蚊子咬得满身包，在臭烘烘的瓦窑里爬进爬出的行为，一定会让大人们"毛骨悚然"，但在孩子们的眼里，却可能是顶顶有趣的经历。事实上，孩子们并没有成人想象的那样脆弱，吃苦耐劳、心灵手巧、独立思考等优秀品质也不是在成人的过度保护中能培养出来的。

小哥离开后，寻梦之旅并没有就此打住，"我"决定独立完成。结局是美好的：在众人注目中，"我"发动引擎，虽然飞机没有上天，但"我"赢得了所有人的掌声，父亲也为"我"感到骄傲。在乡里人对"我"的热情赞许中，折射出的是作家以儿童为本的人文关怀，是一种对想象力的提倡。想象力有时比知识更重要，知识是有限的，而想象力则包容着世界上的一切可能性，推动着认知的进步，最终可能成为知识的源泉。

在作家生动有趣的描述中，在充满乡土气息的字里行间，我不断听到一个真挚的声音在呼喊：把童年生命状态里的天真、好奇、想象还给孩子们吧，让他们在梦想的王国里自由翱翔！

（此文与《飞机效应》同时刊登于上海《儿童文学选刊》2010年第9期）

在幻想中抵达哲理的彼岸

○ 吴稻子

　　童话最主要的特点就是幻想。但这种幻想不是无边无际的瞎想，童话的幻想是通过夸张、象征等手法来表现的。比如，童话常常将现实世界中一些荒诞的现象或者人性的弱点等，加以放大或者强调，使其更加突出，从而对人们起到警示的作用。

　　车培晶的童话《拜托，不要来那么多》就是一篇运用夸张、象征、拟人等手法来揭示人类社会中的贪婪、攀比等人性弱点的童话。这篇童话通过生活在一座湖心小岛上的灰狐夫妇的传奇遭遇，揭示了贪婪可能带来的毁灭性的后果。

　　也许我们每个人都希望成为神仙，过童话般的生活，享受生命的瑰丽和美好。就像那对与世无争的灰狐夫妇一样，它们生活在一座无人的湖心小岛上，不用担心安全，不用担忧温饱，每天欣赏着小岛上的美好风景，等着鱼自己跳到草房前面。就连它们的烦恼事也充满了诗情画意：跳上来的鱼太多了，灰狐夫妇每天要把多余的鱼放回水里，还要亲切地对鱼说一声："拜托，不要来那么多。"在这诗意化的描述中，夸张的细节里带着浪漫，生命的简单和美好自然地呈现在童话的字里行间，童话的感觉饱满而清新。

然而，并不是每个人都可以成为"神仙"，就像灰狐夫妇一样，当贪婪和攀比来到了它们心中，它们的神仙日子也就结束了。这一切都源于湖心小岛上来了另一对花狐夫妇。当花狐夫妇一个劲地晒鱼干，当花狐夫妇生下了九只小狐狸，当它们挖更多的洞来储存活鱼……灰狐太太一次次地与自己内心的不安和攀比斗争，最后它彻底被这种欲望征服。从此，灰狐一家踏上了想要得到比邻居花狐一家更多"财富"的攀比之路。在这样一条路上，它们无从享受自然之美，无从继续神仙般的生活，最后它们抛弃一切追求，只专注于疯狂挖洞，以便储存更多的鱼，超过对方。疯狂引发悲剧，最后灰狐夫妇都累得病倒了，灰狐家的孩子也全都淹死了，而花狐一家也因过于劳累而全部死在了洞里。

悲剧让人无言，悲剧也让人震撼。小岛虽又恢复了宁静，但不再宁静的是人的内心。我们从灰狐夫妇的悲剧里反思：我们有时候是不是也有些贪婪？我们是不是也热衷于攀比？我们是不是没有珍惜我们已经拥有的一切？我们是不是总不自觉地要求得到更多？

反思让人进步。我们走过童话的桥，抵达哲理的彼岸。我们在故事里吸取教训，汲取经验和智慧，也通过故事认识各种不同的人。《拜托，不要来那么多》里有一对非常特别、非常有意思的主人公形象，那就是灰狐夫妇。作者对灰狐夫妇着墨很多，可以说是精雕细刻。在外界的诱惑和对比之下，灰狐太太的攀比与不安、灰狐先生的抗争和妥协、两个人内心的挣扎等，都入木三分，让读者感同身受。有意思的是，从另一个角度来看，灰狐夫妇又可以被看作是一个"完整的人"。它们之间的斗争和妥协，其实就是一个人遇到难题时内心中的两个自我的辩论、两种选择的斗争，是一个人真实的内心的挣扎。从这个意义上说，两只狐狸的传奇故事，其实就是一个"人"的寓言故事，它在人物设置上的新颖性和深刻性是不言而喻的。

作为一篇寓言体的童话，《拜托，不要来那么多》通过一个似乎荒诞不经的故事，带领着我们轻松地抵达人性的深处，窥见人类共有的弱点，给我们的心灵以警示和震撼。而从另一个方面来看，因为故事需要承载的意义比较明显，故事本身就会留下人为设计的痕迹。如果在情节的设置上再自然一些、从容一些，或许童话的感觉就会更加饱满？

（此文与《拜托，不要来那么多》同时刊登于上海《儿童文学选刊》2011年第4期）

小人儿世界里的大人
——简评《小丈夫传说》

○ 张俊杰

　　在文学世界里，作品中所塑造的人物形象以正常人居多。但有时候作者为了表达特定的内容，也会在作品中塑造与正常人不同的形象，侏儒就是其中之一。如瑞典作家拉格奎斯特笔下的皮克李诺和美国作家爱伦·坡笔下的跳蛙。

　　这些成人文学作品中的侏儒，都不可避免地带有或邪恶或阴郁的性格色彩。相比较而言，儿童文学世界里的侏儒形象则要可爱许多。这其中比较有名的要数日本童话《一寸法师》，故事讲述的是，一对没儿没女的老夫妻，每天早晚都向神仙祷告赐予他们一个小孩，不久，他们果真生下一个身长只有一寸的小男孩，村里人都管他叫"一寸法师"。他凭着自己的智慧和能力用绣花针刺瞎了三个鬼的眼睛，并且得到了鬼在逃跑时留下的万能木槌。经过木槌的敲击，他变得与正常人一样高，成为一个英俊的小伙子，娶了侯爷家的小姐，过上了安安乐乐的日子。

　　如果拿车培晶老师的这篇《小丈夫传说》与《一寸法师》进

行比较，我们会发现两者相同处在于，小丈夫也是一个身材非常矮小的侏儒，小到以至于他在买土豆时经常被买主当成土豆一起拿回家；他也有一个自己喜欢的姑娘。不同的地方在于，小丈夫并不像一寸法师那样有着很高的智慧和足够的勇气，他是一个非常非常普通的善良人。"为了证实自己的清白，他离开城市去到乡下，在穷亲戚家荒芜的土地上种了一大片土豆"；为了可以见到心爱的姑娘卡季波娃，他被锁在了书桌的抽屉里长达一个暑假，险些因过度饥饿而丧了命；为了只将自己写的《抽屉里的爱》献给卡季波娃，他拒绝了书商给出的高额稿费，反倒欠下书商一大笔出版费、印刷费；为了逃避打仗，差一点儿被军事法庭当逃兵枪毙了；在战斗刚刚开始的时候，他就误杀了自己的长官……

小丈夫似乎是作为一个失败的人物形象出现的。然而，小说在结束时出现了戏剧性的转折，小丈夫成了一个英雄，并且得到了卡季波娃的崇敬，虽然，这一过程不十分光彩，而且是以小丈夫再次走向战场，并死在卡季波娃的手中结束的。作者似乎想要告诉我们，不论你的年龄大小、身体大小和能力大小，都有可能获得别人的尊重，被尊重是人类最高层次的需求。

（此文与小说《小丈夫传说》同时刊登在北京《儿童文学》杂志2011年第12期）

浪漫的精神气质与深刻的生命思考
——论车培晶的幻想小说创作

○ 王晓雁

车培晶是始终保持儿童心性的作家。他经常深入学校体验生活，去寻找灵感。他认为在学校中捕捉到的东西，写出来才会更贴近孩子们的内心世界。他的笔触深入到当代儿童的精神领域，写出他们的快乐、忧伤、烦恼和憧憬，比如让人惊慌失措的上课铃声、带来无尽烦闷的成绩单等。这些作品使孩子们在轻松的阅读过程中惊喜地重新发现自我，因而唤起强烈的共鸣。

车培晶擅于在作品中营造魔幻氛围，他的幻想小说有浓厚的传统文化内涵和童话意味，在人与自然的交流中抒写复杂丰富的内心世界，体现了东方民族的艺术气质，其中也隐含着对现代文明的批判与思考。他创作了《变形蟹阿圆》《亲亲我的白龙马》《沉默的森林》《爷爷铁床下的密室》《我的同桌是女妖》等一系列的儿童文学作品，塑造了许多性格饱满的人物形象，如文静秀气的小白，冲动鲁莽的王春袖，感情细腻的阿培，貌似粗鲁内心善良的老熊……他们个性鲜明各具神采，给读者留下难忘的印象。其代表作也是作家本人最满意的当属两部长篇幻想小说《爷爷铁床下的密室》和《我的同桌是女妖》。

一、 空灵的想象，深刻的哲思

《我的同桌是女妖》是一部精致的幻想小说。作家让善良的隐形女妖、神奇的魔法和流浪的精灵走进当代儿童的生活，作品中有孩子们最熟悉的校园、教室等场景，也有令人毛骨悚然的古堡、变化莫测的妖镇、形形色色的妖怪。幻想之境与现实之境巧妙融合，现实的叹息和奇异的幻境交错出现，浓郁的现实生活气息与奇异的幻想相融，小说带给孩子们审美愉悦的同时也满足了他们渴望新鲜刺激的愿望。

《爷爷铁床下的密室》是一部战争幻想小说。作家以深刻冷静的笔触描写了现实与幻想的两场战争：现实历史上第一次世界大战的协约国与同盟国之战，幻想之境战争幽灵发动的对现实之境的薄荷巷子的进攻。两场战争的重叠之处是女中尉的坎坷不幸。因而第二场幻想战争也是现实世界的第一次世界大战的真实写照：生离死别，刀光剑影，无数年轻的生命灰飞烟灭，无辜的人们被灭绝人性的魔鬼关进集中营……这个世界还远未实现和平，战争的阴云并未完全散尽，对战争的批判贯穿于作品的始终，战争摧毁了人类文明和精神家园，使人性扭曲异化，战争带来的苦难和伤痛无法抹去。"战争不信奉善良"，"战争是恶魔"，这也是作家创作这部作品最真实的意图，他要提醒人们时刻保持对战争的警惕。

作品中最令人唏嘘的是那段跨越生死的爱情。女中尉虽然变成了幽灵，但她无时无刻不思念生活在另一时空的爱人斯特尔，生死不渝的爱情使这个本来冷酷的战争幽灵依然保持着一份柔软的情怀和正直善良的人性。虽然隔着遥远的时空，她念念不忘的依然是美丽的故乡爱丁堡，以及那段刻骨难忘的爱情。她本来是一位美貌的英国女子，"长长的睫毛像合闭起来的菊花一样美丽"。参战之前她是中学的一名实习教师，最喜欢和学生们一起坐在草坪上无拘无束地谈笑风生，在温柔的月光下沉醉。可惜战争摧毁了无数人的梦想，无情地拆散了这对恋人。女中尉年轻的生命陨落于炮火之中，灵魂也孤独地漂泊异域。在这个阴暗幽冷的密室里，没有地位的女兵连休息的权利也被剥夺。即使分别近一个世纪，她仍然记得恋人斯特尔最爱吃的东西。在战争的烽烟里，她唯一的愿望就是回到故乡。要是恋人还活着，也一定垂垂老矣，她最惦记的是"他如今是一个人过日子吗？他的牙齿还能嚼动牛排吗？"爱一个人，是将他的一切融入自己的生命中。女中尉的生命和灵魂毁于两场战争，像冒着浓烟的战场上顽强生长的一朵小花。战争容不下一个最平凡的梦想，这朵小花凄惨地凋零了。在善良的人们眼中，她的生与死都美得令人心痛不已："在爆炸的那一瞬间，女中尉化作一道美丽的幽蓝色的弧光，升起来，宛如礼花般在浓浓的硝烟里绽开着，飘飞着。"她在人们的心里得到了永生，那段凄美的爱情故事也必定被人们久久传颂。一朵礼花在芹老师耳畔絮絮低语："我爱斯特尔，我爱爱丁堡，我爱斯特尔，我爱爱丁堡……"这令人心碎的声音随着灿烂的礼花，在小白的钢琴曲《蓝蓝的眼睛》中渐渐远去，它一定是飘回了姑娘魂牵梦萦的故乡。

二、幽默的语言，新奇的比喻

车培晶的语言贴近儿童的内心世界，他善于使用贴切的比喻生动地展现儿童丰富复杂的情感天地。他的幻想小说语言沿袭了其深邃幽默精辟诙谐的特点，其中不乏引人深思的警句，精彩的比喻为作品增添了灵动的色彩。

《我的同桌是女妖》中那些女孩子们的爱物五花八门：芭比娃娃、粉色凯蒂猫、伊丽莎白假睫毛、炸薯条、干酱豆丝、王八蹦豆……光是这些名字就带有浓重的喜剧色彩。贪吃的古丽雁肚子像无底洞，"简直就是一台老虎机"，过多的汉堡包、巧克力和烤鸭等美食使她的身材膨胀臃肿，食物是她的兴奋剂，可以帮她屏蔽所有的不快，因此同学们送她"星光灿烂猪八戒，肥肥胖胖傻大姐"的绰号。小萨哥哥吹的萨克斯曲子"如温柔的溪水"，又像"蜂鸟毛茸茸的翅膀"，令几个孩子如醉如痴。阿裙是比她年长十岁的表姐的"小拐杖"，因为她心甘情愿地为表姐东奔西跑，喜欢打探情报的表姐则是她的"啄木鸟"。天空中那朵灰蓝色的云"像一棵郁郁葱葱的桂花树"，流浪橡皮人住在桂花树云朵上。爱情的魔力不可思议，它使一个爱热闹的女孩子变得甘于寂寞，沉浸在爱情中的小淋淋红润的脸颊"像六月里的甜桃那般美丽"。慈祥的姥姥从来不发脾气，她"永远是个柔柔和和像落在水里的月亮一样的老太太"。在《爷爷铁床下的密室》里，芹老师总是告诉学生们要做一个勇敢的人："做人最要紧的是要有骨气，没有骨气的人就像雪人，太阳一出来就没了。"对于热爱和平的人来说，"战争狂在和平者面前历来都是软弱无力的，就像火焰面对海洋，再猛烈也是微不足道的"。

作家常常运用善意的调侃表现孩子们对世界的认知，也亲切地指出他们的某些不足。成为众人关注的焦点，享受明星一般的追捧是很多孩子的奢望，所以当阿裙独自一人历尽艰辛在大海里漂泊时，恐惧和绝望被冒险的刺激所冲淡。她为自己有如此惊险奇特的经历而沾沾自喜，说不定日后老师和同学们会因此而崇拜她，那时她脸上的皱纹也不再令人难堪，或许还会"变成传奇经历的最好印证"，因为她深信"当一个人被人们'捧'起来时，他身上的缺陷便很难被人发现了"。小淋淋意外成名后的忘乎所以正应了那句"人一阔脸就变"的话。阿裙由此得出精妙的论断："其实，世上原本没有什么歌星影星什么的，所谓的'星'是由众人捧出来的。"由此她得到深刻的感悟："歌星和歌手之间只是一字之差""人一旦出了名，身上再破烂的东西也会被大家当成宝贝"。对阿裙来说，功课真可算是"悲惨世界"，"优秀"二字从来与她的成绩册无缘。踩着铃声进教室应该是许多孩子的经历，那慌张的样子真像"一只落荒的兔子"。在喜欢做梦的童年时代，梦想中的出类拔萃堪比"夜空中的灿烂银河"。丑女孩阿裙最大的心愿便是借助一些不寻常的事摆脱平庸，让"荣耀的小天使亲吻一次我苍白的额角"。

对童心世界的洞悉使作家得以细致入微地描写童年时代的

心理，生动地展现儿童成长历程中的欢乐与惆怅。对美的渴望是所有女孩子共同的特点，对美人的羡慕和向往因而勾起她们无限的惆怅。阿裙常常为自己的容貌自惭形秽，当她见到奇丑的女妖时也并未幸灾乐祸，因为她觉得自己是个不漂亮的人便失去了嘲笑别人的权利。她不甘心做漂亮表姐的陪衬，于是故意用不屑的语气颠覆乔细的偶像："什么呀，她只是个超市收银员，腿有点儿罗圈，走路贼难看，就是舍得花钱买衣服、买化妆品、拍艺术彩照。"

车培晶的作品中许多童真的对话显示了人类生存的智慧，自觉体现了生态意识。古丽雁对事物的贪得无厌令小女妖乔细十分反感："你的朋友太贪婪了。"阿裙认为她未免言过其实："她吃的都是自己家的东西，谈不上什么贪婪不贪婪。"乔细却并不认同这一观点："谁家的东西都是地球上的东西，她一个人一天吃的东西足够三四个人吃的，这不合理。"

三、童真的心灵，绚丽的彩虹

善良的童心如同清澈的溪流。在情窦初开的少年时代，对异性的憧憬是人生中第一道绚丽的彩虹，也如同青草尖上晶莹剔透的露珠一样容易滑落。这些少男少女微妙之间美好的情愫被作家生动传神地描摹出来，为作品增添了动人的神韵。

乔细洞悉阿裙心底的秘密，施展魔法让童彼央"像忠诚的哨兵一样站在门口"。阿裙险些被从天而降的巨大幸福击晕，激动得"要变成太阳底下的糖人了"。握着童彼央肉嘟嘟的手，她的心"也跟着发软"，她的身体也似乎化为白云。阿裙被邪恶的女妖施展魔法变成豌豆人，碰巧在提包里与童彼央相遇，第一次如此近距离地坐在心仪的男孩身边，"可以闻到他身上的气味，是那种让女孩子心里有点儿发慌的气味"，幸福感使阿裙忽略掉眼前的厄运。她甚至希望姥姥永远不要找到偏方，这样她就不会失去他，会一直停留在这浪漫温馨的梦幻里。随着阿裙命运的沉浮，童彼央对她的态度也在起伏变化，惊喜、幸福、伤心和失望相交织，从中折射出孩子眼中的世态冷暖。

　　少年时代对异性的爱和憧憬往往能萌生出一种勇气，成为前进的巨大动力。阿裙从未料到自己有学习英语的潜力，究竟什么样的力量能彻底改变一个人？她毫不费劲地找到了答案："学习一门语言其实并不难，关键是能寻找到一种来自内心的动力。"《爷爷铁床下的密室》中的阿培将心事诉诸日记本，日记里有一个会弹钢琴的女孩小白。这个温柔女孩悦耳的琴声使他忘记父母离异的痛苦，给他的心灵带来持久的宁静。阿培对小白的情感是车培晶笔下最温馨的少年记忆。男孩子喜欢上一个女孩子，必定会萌发出保护她的豪迈之情。沉醉在小白柔美的钢琴声里，阿培陷入无边的浪漫遐思。他时而把自己想象成一只凶猛的鹰，久久盘旋在小白家的楼顶，小白则是一只乖巧的白鸽，在他的保护下"安详地停在楼顶上瓦垄间梳理着羽毛"。他如此渴望对小白的举动了如指掌，于是又幻想自己是一只机警的猫头鹰，"威风凛凛地守护在小白家的客厅里"。因此阿培几乎对小白家的那个巫女保姆恨之入骨，觉得她的脸"被夕阳映照得像一只熟烂了的黄金瓜"。阿培背着受伤的小白回家，他的棉靴踏在柔软的雪地上发出的咯吱咯吱声响像欢快的音乐，又像嚼雪糕的声音。这是他最幸福的时光，他真希望这段路再长一些，最好她的家是在很远很远"需要走一天才能走到的地方"。

幻想小说"直接表现着儿童文学的'成长'这一主题"。车培晶的幻想小说于生动幽默的叙事中时时带有睿智的哲理思考，蕴含深刻的现实意义。比如，"失去的信心可以捡回来，关键看你想不想捡了"。小晴老师的解释使同学们恍然大悟，原来"黑暗的地方滋生恐惧与肮脏，所以世界必须要有光明"。表姐小淋淋一举成名后的颐指气使令阿裙禁不住妒火中烧，她恨恨地用"小人得志"来发泄心中的不满。姥姥语重心长的开导饱含着豁达的人生智慧："天底下最好的运气也就那么一点点，大家都去抢，那还了得？别嫉妒别人，嫉妒是祸根，一嫉妒了就要打仗，小嫉妒打小仗，大嫉妒打大仗。"乔细对财富的无动于衷也令阿裙困惑不解：即使是女妖也必须吃饭穿衣，没有钱怎么行？乔细的回答则像是目睹世态百相之后的淡然："钱来得快去得也容易，什么事情都一样，轻易得到的东西，说失掉就失掉，付出艰辛换回的东西才可靠永久。"

友谊是快乐的童年中最温暖的记忆。对友谊的忠诚贯穿于车培晶的许多作品中。当突如其来的变故出现时，友谊能否经得起考验？作家以孩子的视角反思这个问题。最令人伤心绝望的是来自最亲密朋友的背叛。阿裙因为嫉妒脸上爬满皱纹，曾发誓一万年做她好朋友的古丽雁不但对她避之唯恐不及，还立刻送她"阿裙老太"的绰号，此时她一定早将昔日那些甜蜜的誓言都抛之脑后了，也忘记了班上只有阿裙从不曾叫过她的绰号。作家时常以热情细腻的文笔赞美童年时代纯真的友情。阿培和王春袖的友谊源于患难与共的豪迈之情：一年级时的阿培被老师罚站，为了不使他寂寞，王春袖故意玩坦克车也被老师赶出教室，以便陪着他。同病相怜又使他们的心贴得更近：阿培的父亲想给他娶继母，王春袖有一位粗悍的继父，两个缺失完整家庭之爱的孩子惺惺相惜，所以当王春袖处境险恶时，他没有选择退缩，"说什么我也不能袖手旁观，就是拼个鱼死网破，我也要为朋友尽力"。阿培则严守王春袖钥匙的秘密，即使是面对老师的追问和王春袖继父的威吓——"不失信于朋友，这是我交朋友的准则"。

许多男孩子都是以父亲为参照甚至是假想敌的，因为这个与他朝夕相处的男人是他成长中第一个强有力的对手。有一天他会比父亲还高大强壮，能与这个曾经训斥或者打骂他的男人分庭抗礼是他们梦寐以求的事。因此《爷爷铁床下的密室》中的王春袖与继父的关系充满火药味，他觉得继父根本不是"可以坐到一条板凳上的人"，他们彼此不屑一顾、针锋相对，或许就因为一个是强大的男人，一个是准备将来长大后打败他的男孩子。王春袖屡屡挑战继父的尊严和权威；而且声称自己是"严阵以待，厉兵秣马"，只等时机成熟便会"反防为攻，彻底打掉继父的气焰"。只有他们长大以后才会意识到少年时代的张狂是多么幼稚可笑："每一个少年都有跟父亲顶牛的经历，差不多都有过这样的誓言——不能输给父亲，我们的大脑变得相当发达，几块肌肉也比较发达，还有突然间膨胀起来的自尊，输给父亲那是很丢人的事。"正是基于这样的想法，阿培在小学六年级时突然换了一种眼光来看父亲，用"警告的目光"瞪着未敲门直接走进房间的父亲，那种眼神好像"狮子误入野猪的地盘，野猪做出的第一反应"。

四、幻想的星空，柔美的意象

幻想小说充满传奇的梦幻色彩。车培晶的幻想小说以形象化、感性化的浪漫主义想象为读者提供了透视自然的崭新视角。宁静的月亮、遥远的星空、变幻的云朵和绚丽的色彩，这些复杂丰富的意象渲染了大自然的神性和灵性，使人们真切感受到它的诗意与崇高。

《我的同桌是女妖》中神秘的月亮城堡里笼罩着奇幻的色彩，虽然黑色的天幕看起来高深莫测，但在镇定自若的阿裙眼中却呈现出别样的风姿："天空是那种发暗的孔雀蓝色，且缀有星星点点的暗玫瑰色环形光斑，如同孔雀羽毛上的花斑。人的肌肤在天光的映衬下呈幽幽的暗蓝色，仿佛梦间的情形。周围的景物也是深邃的暗蓝色。只有城堡闪烁着一抹淡淡的金辉。"因为恐惧和犹豫荡然无存，原本阴森的城堡在喜欢寻求冒险和刺激的女孩面前变得瑰丽多彩起来。月亮在小说中是优美温柔的意象，它把城堡分为两个截然不同的世界：月亮出现时，周围的一切都静谧祥和令人向往；而当月亮隐去后，城堡便呈现出阴冷和恐怖。柔和的月光笼罩着城堡，嫦娥宁静的月宫和婆娑的树影清晰可见，美得令人心醉——"绿树葱葱，鲜花遍野，彩蝶起舞，绿湖如镜"，难以想象到这仙境竟会暗藏重重杀机。

童年的历险和奇遇会促进儿童心灵的丰富发展，也是童年世界里一份厚重的记忆。《爷爷铁床下的密室》的故事情节荒诞曲折，惊险跌宕。作家深谙男孩子喜欢冒险刺激的心理。小说围绕着一把神奇的钥匙引出一系列不可思议的事件：王春袖与继父反目之后，阿培遭遇一连串变故，先是无赖高肯态度突变，接着家里莫名其妙失窃，然后阿培用王春袖交给他的钥匙打开了爷爷铁床下的密室。谜底原来就在爷爷的铁床下。阿培帮爷爷在铁床下找假牙时离奇地失踪，他在这里遇见即将死去的人的灵魂，还有很多令人毛骨悚然的幽灵，轻如纸人的女兵，数量庞大的坦克、大炮等重型武器。密室里的幽灵们生前原来是协约国阵亡的军官，他们不甘心从前的失败，准备发动一场大规模的破坏战争。

爷爷的铁床是连接不同时空的道具，是联系形形色色人的纽带。铁床具有神奇的魔力，看起来并不大却能睡下整整一个班级的人，甚至有时它会在夜里抽身离去，睡在上面的人却浑然不觉。铁床下面那些五花八门的旧东西是久远时代的见证：旧缝纫机、旧自行车、旧留声机、旧皮箱……种种带有时代痕迹的东西堆积成一个历史的舞台。王春袖家机警的鹦鹉彼彼像一个神秘的幽灵，总会在危急时刻出现，暗示着人物命运的变迁，它时而勇敢镇定，时而凄惶无助，它的情绪变化推动着故事情节的跌宕起伏。

成长的历程中总要伴随着许多伤痛的记忆，包括失去许多曾经挚爱的东西。在炮火连天的战争中生死攸关的时刻，阿培与芹老师紧紧依偎，老师的镇定和乐观帮助他战胜了恐惧。此时对老师的信任和依赖使他心里温暖而踏实，老师"就像一棵树，一棵枝叶茂盛的大树"。懵懂的阿培突然长大了，那些曾经让他困惑的问题荡然无存。经历了友情与生死的考验，当阿培怀着痛悔的心情向芹老师述说密室的秘密之后，他终于摆脱掉许久以来压在心头的那些重负而变得豁然开朗。这一瞬间他不再是从前那个顽皮的少年，这真是让人难过又欣喜的奇妙感受，他似乎听见一个神奇的声音："那是我的骨头在响啊。就像秋天夜里玉米、高粱拔节儿的声响。"浪漫主义的童年模式是"潜藏于人类心灵深处的一种集体记忆"。车培晶的幻想小说具有浪漫主义的精神气质，作品多以温暖的结局为童年生命增添闪光的希望。战争带来灾难的同时也给成长注入强劲的力量，使人们感到亲情和友情弥足珍贵。薄荷巷子的孩子们终于获得被大人平视的自豪，阿培与父亲之间的隔阂消除，王春袖也真正了解并崇拜继父。经过这次难忘的经历，阿培深深懂得了一个道理，那就是"记住，别去碰别人的隐私，那会惹出麻烦的"。没有谁生来就是坚强的，受的伤痛多了，自然对痛苦就有抵御的能力。阿裙容颜变老之后，她对挫折的心理承受能力变强了。经过这些刻骨铭心的变故，他们对于人生、亲情和友情的认识变得深刻，也不会再爱慕虚荣。

车培晶的幻想小说是以独特的视角和体验反映对现代文明和生命价值等诸多问题的理解。作家怀着一颗关爱儿童之心，深入洞察儿童的心灵世界，关注探索时代的本质，以飘逸的浪漫诗情和温暖的心灵安慰生动再现童年图景，为孩子们呈现一个多姿多彩的文学世界。作家擅于从平凡的生活中创作出绚丽的魔法故事，在幻想世界里融进对生命的深刻思考，并在童年与艺术之间找到最佳契合点，将思想性、趣味性和艺术性巧妙融合，创作出真正展现童年原生态的作品。

（作者系文学硕士，辽东学院国际交流中心对外汉语教师、副教授）

春华秋实

我习惯拂晓时写童话，世间万籁俱寂，空空荡荡，伏案疾书的我会有一种主宰万物的感觉。直到东方破晓，人们从梦中醒来，而这时候我的心理常常会发生一些错乱，以为太阳的升起，人们梦后的活动，都是我幻想中的情景。写童话需要一份别样的心境，与正常时空形成错位，如此，笔下的童话才可能惹郁。

心 境

○ 车培晶

　　时常有人问及为何搞儿童文学创作，我回答总是啰唆：愿意同一两个或许多小孩在一块儿。

　　是的。尽管已长有胡须，懂得为获取利益要使点儿手腕部位的力气；你得扮作混沌的样子，才有可能不在小孩的灵魂面前原形毕露。

　　我还特别留意过一种现象：小孩大人同样对斗牛、足球、《西游记》、《水浒传》、美国枪战片、英国侦探片、武侠小说有浓郁的兴致。我茅塞顿开：小孩大人对世界同样混沌，只是五十步笑百步而已了。宇宙间寄生着多少亿粒星球？大人和小孩同样说不清楚。想讨别人欢心而别人不买账，改变尴尬的咒语在何处？大人和小孩同样迷茫。于是乎，见到正在把手指头可笑地掩于袖口中的卖马人、正在勇敢而又心惊胆战地追捕通缉犯的人、正在为枯萎的面孔培植胭脂之绿的人，我都兴奋地说：他们在搞游戏！这与小孩的游戏如出一辙。小孩是处于哺乳期的大人，大人是接受哺育的小孩。

这便是我写作经常要寻觅的心境。

小孩的灵魂貌似微乎其微，而一旦融入其中，自以为是的大人顿时目怔口呆：小孩的复杂程度并不小于大人。小孩与大人的界定其实很模糊，小孩大人同样智慧，同样迟钝，同样愚笨，只不过是一个乐章里的两个符号。也可以说大人是巨人，小孩是暂时的侏儒，他们各自都忙于各自以为有意义的游戏。我以这种方式构思作品，写给小孩读的东西如此，写给所谓大人读的东西亦如此。这样做来，我实有酣畅尽兴之感，这已足矣！诚然，我是迟钝者，前面有很多人，吴承恩、施耐庵、契诃夫、卡夫卡、欧·亨利、马尔克斯……我愿意跟他们走一辈子，不管周围熟悉与不熟悉的人们在津津做什么或闲扯什么，我都专注于自己有把握能做得稍微好一点儿的事情。

（此文刊于《辽宁文学院首届合同制作家专号》1998年5月18日）

《响尾姥鲨》的题外话（代后记）

○ 车培晶

　　动物与人共同拥有一个世界，我们没有理由把动物排斥在人类之外，认为它们只是会活动的物件。细心观察，你便会发现，许多动物有着类似人的情感，它们有时平静得昏昏欲睡、无所事事；有时也会大发脾气，好像十分不满意命运的不公平；更多的时候，它们跟我们人一样忙忙碌碌，忙得十分投入和愉快，有的情不自禁要唱点儿什么，或跳跳踢踏舞或将美丽的翎毛、鲜亮的鳞片炫耀那么一番。一群动物就是一个村庄，那里有很多很多人类迄今还没有听说的故事，可以肯定，这些故事相当精彩——如果我们像学外语那样，学会动物的语言，深入到它们的村庄部落里拍摄一部纪实性电视连续剧，那一定会大受欢迎。

　　我自幼在海边长大，十岁左右常跟着伯伯在暴风雨停息之后的凌晨或傍晚去海边，打捞被风浪冲到浅水处的海货。雨后的海水浑浊不清，我的脚尖常被脾气暴躁的鬼蟹子夹伤，而我更担忧的是脚丫子被鲨鱼啃一口。那时，我已经耳闻许多关于鲨鱼的恐怖故事，读到过一些写鲨鱼的书——那些书里讲的往往都是一些凶悍残暴的鲨鱼，因此，在我的印象里，鲨鱼是恶魔，像森林之夜的饿虎那般可怖，简直可怖到了让人"谈鲨色变"的程度。

以后，我认识了另一种鲨鱼——姥鲨，这种庞然大物性情温和得如夏日傍晚的海水，虽然体大如屋，却时常会遭到那些性情凶残暴戾的噬人鲨的暗算，而噬人鲨的个头并没有姥鲨大。这使我的视野变得开阔起来，对海洋动物有了一种新的思索。任何一个物种的繁殖延续、生生不息，都是在历经与同类或非同类之间的一次次智慧与力量的角逐中完成的，它们不需要同情（实际上也没有同情），不需要非同类的相助（非同类也较少相助），全靠自己同命运争斗，从而确立在同类与非同类中的地位。

于是，我写了《响尾姥鲨》。

以小说形式来表现海洋动物，在我的创作中是第一次。遗憾的是，对于神奇繁杂的海洋世界，我的感受只局限于水族馆人造的一方海洋空间，以及摄影家铤而走险拍摄的部分海底世界影像资料。我有时恨不能像潜水员那样沉到海底，亲历比目鱼是怎样设午宴、鲨是如何为自己刚出世的小鲨进行洗礼的。欧洲有个叫维托斯·B. 德吕舍尔的作家，写了大量有关动物行为研究的文章，我特别受益于这些文章。这些文学色彩很强的篇章大都是从动物行为学的角度窥视动物的举止与情感变化，揭示动物的各种习性、生活规律及动物与人类的微妙关系，读来令人思绪万千，觉得人类有些固执己见，有些过于封闭自己了——人类对动物的关注太少，深入细致的了解就更少，而浅薄的认识和误解却太多太多。由此，我非常羡慕和敬佩德吕舍尔，他不仅是作家，同时他本人就是动物学家，他有更多的机会去接近形形色色的动物，有更为理智的方式去探讨研究动物们的行为与心理。如果他愿意写作小说的话，我想他的动物小说会是相当出色的。

因此，我以为，动物小说需要作家借助于想象与幻想，需要理性思考，但更为要紧的是需要以动物的自然属性、生活习性为支撑点，真实、自然、具体可感的细节是动物小说的魂灵，否则作品便苍白、空洞，动物形象便成了传递作者理念的用具，就如同用人造皮毛做出来的玩具狗，毫无生气可言。譬如罗德亚德·吉卜林创作的动物小说《丛林之书》，永久留在人们记忆中的是他所描述的那些充满奇妙的大自然的画卷、动物之间温暖的友谊及充满生趣的冒险，而并非是他作品中所鼓吹的"丛林法则"——尽管他曾经为自己宣扬的所谓"丛林法则"沾沾自喜过。

如果说，《响尾姥鲨》有不足之处，那正是由于笔者对海洋动物习性与行为缺乏足够的体验——应该说成"体验"，而绝不是其思想性如何。

（1997年6月17日于龙江路宅舍厨间）

《拜托，不要来那么多》的题外话

○ 车培晶

　　我不喜欢拿童话讲大道理。童话么，要紧的是意趣、耐看的故事、耐咀嚼的人物。我一直抵触那种为了表达所谓深奥哲理而生硬制造人物、制造故事的童话。北岛说，诗歌的音乐性先于意义。我想童话也是这样。

　　我写童话喜欢人物先行，人物在心里头活了，其余的就让它自然流淌好了。

　　尽管主题先行也不为过，但我还是习惯先孕育形象，让形象衍生其他。因为我知道，文学能留给人们一辈子的是形象，而非道理。

　　我是个与世无争的人，遇事爱顺其自然，绝不会为了点儿名与利去跟他人争。争啥呢？脸红脖子粗的，多不好。但实际上，周围的人一直在争啊争啊，你不争人家争，人家争着争着，就把你挤一边去了，你就成了一个局外人或多余的人。但你也不会感到失落，因为你正想当个清闲之辈呢，你觉得这样活着挺好的。

然而，你确实要拿出好大好大的定力，方可不为诱惑所动。

《拜托，不要来那么多》里的灰狐两口就是我自己。这么说来，还是形象先于其他了。

当然，也受了别的启发。一次，与一位老家住在海岛上的朋友聊天——这朋友也爱文学，自幼在海岛上生活，后来念了大学进到大城市里教书。她告诉我，如今住在岛上的人，心越来越拥挤了，从前的渔民满足于一张渔网、一间瓦房的幸福，而如今人们的欲望比天大。

岂止渔民，当今地球上有几个人的心不大、不拥挤呢？在与朋友交谈中我心里便孕育起这篇童话来了。写得较快，写得顺手，三天完成。而写一篇别的童话往往需要翻来覆去修改多次，前前后后得半个月时间。

其实，我不是非常满意这篇童话的，尽管它被作为《儿童文学》2010年第12期的头题发表，总编还让我写一份创作谈，尽管童话里也用了不少笔墨刻画人物，可我觉得故事中还是缺少闪光的情趣。

情趣永远是小读者读童话的原动力，缺少这个，再好的意象在小读者面前也会显得苍白无力。为此我期待着听到读者的批评。

（《拜托，不要来那么多》原载《儿童文学》杂志2010年第12期《领军佳作》栏目，此文为创作谈）

幸福是这样得到的

——我为什么写《幸福的豆腐猪》

○ 车培晶

近几年我一直没给《少年大世界》写东西，一是因为忙于搞儿童电视剧，二是因为我在"休渔"之中。所谓"休渔"是指读书、养神，包括体验生活，暂时不写文字作品，总之是积蓄力量，寻找新的突破，准备写出好一点儿的作品。

《幸福的豆腐猪》是"休渔"之后的2010年创作的。时值8月盛暑，天热极了，我在书房里光着膀子敲电脑，由于喜爱那个粗心但心性纯粹的豆腐猪，天再热，我的心情也是爽快的。我尽力把豆腐猪写得很胖（胖得走路困难），把苗条猪写得很瘦（瘦得一动骨头就咔啦咔啦响），我就是想制造一种很大的反差，而这正是童话所需要的夸张。写得差不多了的时候，我寄了前两个章节给《少年大世界》的副主编贺俏看。第二天她就给我发来了电子邮件，说："《幸福的豆腐猪》一、二章拜读，与之前看到的作品风格大不相同，没想到，你的风格这么多变，出乎意料。故事构思巧妙，想象丰富，浅显中蕴含哲理，读来轻松有趣，相信小读者会喜欢。我想从明年第1期开始连载。"我回复她说：

"我确实想改变一下叙述习惯，不愿墨守成规。但，改变惯有的模式相当困难，仿佛革自己的命。不过'革命'成功那是一件很快乐的事情！"

两天后我又回复她道："一、二章先不要编辑，我又做了一遍润色，尤其第二章，结尾修改了。会在本月底将全十章一并发给你，也可立即把一至六章发过去。总之，想尽力把它制造得另类一些，与我之前的童话大不一样。貌似写猪的婚姻，实则隐含一种广义的爱，广泛适用于儿童成长，想尽量给读者提供一些'生活性'的指导——这一点，我以为当今儿童文学里有缺失。"

贺俏副主编对文学的感觉和对稿件的把握能力我是钦佩的。而我所说的"貌似写猪的婚姻，实则隐含一种广义的爱"，确实是我的严肃思考，因为任何一个儿童，都有及早进入社会角色的愿望。忘了吗，小些的时候大家都曾经玩的过家家？女孩当妈妈，男孩当爸爸，拿个布娃娃或枕头当自己的小宝宝，组成一个小家庭，煞有介事地买菜烧饭，哄小宝宝不哭，迎接下班的爸爸——这是人类与生俱来的情感意识，没有大人教，儿童就会了。这只是一种游戏吗？不不不。这是一份珍贵的生存信念和传承意识，儿童热衷而迫不及待地模仿大人的行为，那是在抒发自己的情怀、历练自己的能事、预演自己的明天啊！而我们的教育则往往忽略了这些，我们太注重知识教育了，即使实践课，也常常是学工学农学军，哪里有生活性的细节教育呢？更谈不上夫妻间的情感和家庭幸福教育了。《幸福的豆腐猪》就是想给小读者——未来的妻子和丈夫，提供一点儿生活性的启示。对他人宽容一分，你就会得到一份幸福，宽容两分，就会得到两份幸福，幸福就是这样得到的——故事要告诉孩子们的就是这个。

作品发表后，有读者发邮件问我："为什么苗条猪不是豆腐做的，而是木头做的？"我回答说："如果俩猪都一样不觉得单调吗？一个软的一个硬的就容易出故事了。再者，这也符合生活，生活中的夫妻性格也不会是一样的。"还有读者来信问我："豆腐猪和苗条猪后来生小猪娃了吗？"我回答说："是的，不过是试管小猪，一百二十八只。"还有的读者问我："豆腐猪怎么不去上班？"我回答说："后来才上班，因为父母留给他们的豆腐终于吃光了。这个老胖老胖的猪爸爸经过努力，考上了公务员，不过他在机关里干得可不太顺心。而他的爱妻则考上了空姐。一次，爱妻生病不能飞了，豆腐猪替她当班，结果由于他太重，飞机在天上摇摇晃晃飞不稳，机长只好令豆腐猪跳伞。为了保住爱妻的这份工作，豆腐猪就跳了，好悲壮的一幕哦！"

（此文刊登于《少年大世界》2011年12期）

热爱生活，以情感换取情感

○ 车培晶

我小时候在农村上初中，是随父母从城里下放到农村的。乡下的田、河、屋，一切一切，都令我这个在城市里出生的男孩倍感好奇。

不知怎么，我那时特别热爱牲口，马、牛、驴，还有驴和马交配生出来的棕黑色骡子，一有机会我就去接近它们，给它们草吃，喂它们喝水，看它们打响鼻、倒嚼，摸它们的软鼻子和光滑的皮毛。我发现，不管是马还是牛、驴、骡子，眼睛都大而漂亮，都是双眼皮，睫毛长长的，眼睛里透着明澈的善意。我喜欢看牲口在山坡上吃青草。牛吃青草拿舌头往嘴里捋，舌头就像一把镰刀；马、驴、骡不同，它们是用上唇捋青草，再用门牙咬断，咯吱咯吱地细细咀嚼、吞咽。我还喜欢看牲口奔跑。一次放学，遇到两匹骡子很吃力地拉着满满一车化肥爬坡，我就在后面帮着推。爬过坡路后，车老板请我坐车，我不坐，就跟着骡车跑。我看见驾辕的骡子一边跑，一边回首瞅我，它的眼睛好深情啊！骡蹄踏在路上嘚嘚响，那声音让我陶醉，我甚至想象着自己也是一匹骡子，嘚嘚地奔跑。

我那时还非常爱欣赏乡下的老人，越老的人我越爱看，看他们头上的根根银丝，脸和手上的堆堆褶子，看他们编筐、搓稻草绳、捉虱子、纳鞋底……我看得很仔细，很痴迷，所以，不久我也学会了编筐、搓草绳、捉虱子、纳鞋底。老人们都夸我："这孩子用心哪！"

那个年代学校开的课有许多和现在不一样，我最爱上的是农业课。因为农业课在室外上，种土豆，种高粱，插秧，栽地瓜，还去良种场参观种子、牲口，这个过程对我来说充满了新奇，使我爱上了土地，尤其让我对牲口的感情更深了。

一次语文老师让我们写作文，记叙文，写人写动物都行。我写了两篇，放学就交上了，一篇写一位每天能搓好几百米长的稻草绳的老公公，一篇写村里一匹英俊的大白马。由于细节生动，形象饱满，被老师当范文读给全班同学听。同学们问我："你咋写这么快这么好？"我当时也没回答出来。就是从那以后，我爱上了写作文，特别喜欢写和乡村有关的题材。长大后我回到城里，从事儿童文学写作，写老人、写牲口也算我的长项。我写过一些中长篇小说，都和老人和牲口有关系，如《老骡，老骡》《亲亲我的白龙马》等。

如今回头想想，当年我之所以能又快又好地写出来两篇作文，完全是和"热爱"有关系。我热爱牲口，热爱那些长满了皱褶的老人，我喜欢欣赏牲口，喜欢看老人，并能帮骡马推车，跟老人学干活，在这个过程中我不自觉地把情感融入其中，获得了深入细微的体验，我就是"老人"了，我就是"牲口"了，因此我有机会积蓄了很多生动的作文细节。

所以，热爱生活，热爱一切生命，以情感换取情感，是写好作文的关键所在。生活是一部最好的作文教材，情感的培育是最好的作文老师，也就是说，你完全可以自己来教自己。试试吧。

（此文刊登于江苏《少年文艺》2013年第3期《访问作家》栏目，并附有本人的中篇小说《老骡，老骡》片段）

卑微的力量

——《小丈夫传说》创作谈

○ 车培晶

最怕写创作谈什么的，因为这等于解剖自己煞费苦心植育的一件活物，不小心，会死掉的。

写小说的过程，就是培植一个生命的过程，先得有蓬勃的根须，枝芽才会好。我写的这篇《小丈夫传说》枝芽虽有些怪异，但我相信读者读了不会感觉不适，因为，我是用心孕植了它，过程缓慢，其根系相对发达。

写作动因其实很简单，就是想为小读者敞开另一洞天。

我觉得，眼下写给少年儿童读的小说题材远不够广泛，除了表现当下校园生活，更多的是一些"小我"的东西，似乎距离孩子们的生活近了，但会使读者的视野变窄、空间单调。

不是因为我写的《小丈夫传说》把场景置于乌克兰才这么说，而是因为我想为读者拓展阅读空间、想象空间，带读者去一个稍远的地方，站在一个稍高的地方，或叫换一个视角，去看生命的境况，去体会人性的复杂。这篇小说，我使用了夸张的笔墨，如同大写意的中国画，而在这样的框架内，再加以工笔点缀，如此，读者看到的小丈夫也好，卡季波娃也好，俄罗斯老太太和红头发少校也好，就不会觉得唐突。

那么，小丈夫是谁呢？

是人类体内已有了的或正在发作的一块卑微。这东西，碰一下，会痛的，无论大人还是少年，大家都有，但大家都不愿触及它。谁不怕痛呢？我更怕。所以，在创作中，我持笔小心翼翼，前瞻后顾。我丝毫不把小丈夫当成精灵，也就是说，我写的不是童话，是小说，我只想把人类都有的卑微经这个小尺寸的人物逼真形象地演绎出来，让大家看到一个荒诞却又符合自己的实际的故事，并发现卑微者的力量：他那么微小、微不足道，却同样能放出不朽的光芒。

写这篇小说时，我感觉畅快。如果，读者从中能获得比较新鲜的阅读体验，那么，这就是一项很有意义的活动了。小说大家汪曾祺先生说过，不荒诞不称其为小说。写了这么多年的小说，我现在似乎才有点儿领会到汪曾祺先生这句话对写作者有多么要紧。

至于为什么要写到乌克兰，除了想把镜头大大拉开，再就是我一直觉得这个夹在东欧、南欧与西亚之间的古老民族太倒霉了，她那么灿烂，却饱受四方的蹂躏。所幸的是，她没有死亡，她还露着峥嵘——这只是地球的一个缩影、人类的一个缩影，我并无写乌克兰苦难历史的意图，但这却是这篇小说所依据的重要背景。

另外，《小丈夫传说》是我正在写作中的一部长篇小说里的一个片段，我想，长篇小说可能会把我的想法表达得更加全面一些吧。

（此文系刊于《儿童文学》2011年第12期《文学佳作》栏目的创作谈）

童话——送给天外来客的礼物

○ 车培晶

导　语

　　1907年11月14日，瑞典斯莫兰省的一户农家诞生了一个小女孩。20世纪20年代，小女孩到斯德哥尔摩求学，毕业后长期在斯德哥尔摩的一家儿童书籍出版公司工作，1946年至1970年间担任拉米和舍格伦出版公司儿童部主编。1944年冬，她因滑雪伤了腿，养伤时写成了一部故事《长袜子皮皮》，蜚声全国，继而蜚声欧洲乃至全世界，那年她三十七岁。她的童话代表作《小飞人卡尔松》问世于1955年。1960年开始出版《疯丫头玛迪琴》的故事。1963年开始出版《淘气包埃米尔》。这个人就是瑞典儿童文学作家阿斯特丽德·林格伦。她的作品被翻译成七八十种语言在全世界发行，有的被改编成电影和电视剧。她一生为孩子们写了八十多部文学作品，人也长寿，活到九十四岁。 1971年，瑞典文学院在授予她金质大奖章时，一位瑞典文学院院士在致辞中这样评价她：

"您在这个世界上选择了自己的世界，这个世界是属于儿童的，他们是我们当中的天外来客，而您似乎有着特殊的能力和令人惊异的方法认识和了解他们。"

这位院士把儿童称为"天外来客"，表达了对儿童的无比尊重，对儿童天真、稚嫩、狂野或顽皮、爱游戏等一些天性的无限宠爱和无限呵护。

童话，是林格伦最擅长的体裁，她也是靠此起家的。童话，又是儿童读者普遍喜爱的，因此我想说说这个题目。

在瑞典，在欧洲，人们对儿童文学作家十分尊敬。据说，若在宴席上得知哪位是儿童文学作家，大家都会主动站起来，鼓掌，以示敬意。在瑞典，在电车上，乘客会主动热情地给儿童文学作家让座位。而我们的国度尚没进化到这种程度，甚至，同行——某些从事成人文学创作的人，对搞儿童文学的也常常表示出轻蔑和不屑一顾。1994年我自费出版第一本儿童文学作品，是本小说集，找一位很知名的搞成人文学的作家写评论，那本小册子很薄，6.5个印张。这位大作家很忙，日理万机，他是个坦率的人，告诉我，他是趁早上蹲厕所的时间通读了一遍小说集，他也是第一次为一个初出茅庐的年轻儿童文学作者写评论。在评论里他感慨道：搞儿童文学很吃亏，既要讲文学，又要搞懂小孩子的心理，太不划算。他还坦率地告诉我：给小孩子写东西，永远不会有出路，要写就给大人写。但是，我听了丝毫没有泄气，因为那时我已经舞弄了十年儿童文学了，不想放弃。就像一只平庸的不惹人注目的小土狗，我养了它十年，爱着它，无论如何也不会放弃。

既然爱了，就要坚守，无论外界或者你自己发生了什么。别人怎么说，和你无关，重要的是，你自己喜欢，兴趣从心而发，写作过程中获得的愉悦，别人是体验不到的。

如今，儿童文学越来越被人们认识，谁在用传统工具书写汉字？谁在看传统纸媒质的书？是儿童，是青少年。郭敬明的一本杂志的发行量大得惊人，全国成人文学期刊，什么《小说月报》《小说选刊》《十月》《收获》《当代》《花城》《中国作家》发行量加起来也没有他的一本杂志多！成人出版一部长篇小说，发行一两万册就相当高兴了，我的书要是发行一两万册我就会觉得太低了，会拒绝与这样的出版社合作。

言归正传。今天的讲座我想从两大方面来谈，一是童话的起源与变革，二是结合自己的实践谈谈童话创作。

一、童话的起源与变革

童话是儿童文学中一个特殊的重要的门类。任溶溶认为，"童话"这个词是我们的文学前辈从日文引进的，它的本义是儿童故事，但因为幻想故事在儿童故事中占重要的位置，童话就渐渐变成了专指这类幻想故事的名称了。

童话是哺育人类的乳汁。它从众多文学体裁中独立出来不过二百多年，但是，追究童话的源头，却可以追溯到人类初年。我们的祖先以口头的形式讲幻想故事给孩子听，幻想故事是原始形态的民间故事，这些故事随着人类的繁衍不断得到丰富，流传到世界各个角落，后来，有人将这些口头流传的民间故事用文字记录下来。最早这样做的是古印度，印度的《五卷书》最早产生于公元1世纪。

但是，童话真正的发轫、嬗变、崛起却是发生在西方世界——17世纪至19世纪的欧洲。究其原因，有两方面：一是儿童的发现，二是浪漫主义文学思潮的影响。

14世纪至16世纪的欧洲文艺复兴运动，在重新发现和认识了人的崇高价值的同时，开始把儿童看作一个特殊人生阶段的独立存在——而在此之前，人们一直把儿童视为缩小了的成年人。捷克教育家夸美纽斯1658年出版了世界上第一本图文对照的儿童读物——《世界图解》。《简明不列颠百科全书》里这样评价："《世界图解》体现出一种新的洞察力，即儿童读物应属于一个特殊的级别，因为儿童不是缩小了的成年人。"

人类发现儿童应该独立于成年人，不可混淆。儿童也代表着人的潜力最完美的形式，"儿童本位"的儿童观从此诞生。儿童本位，即用儿童的心灵和思维感受世界。这为人们遵循儿童思维方式、专门为儿童写作童话开辟了一条坦途。

另外，18世纪末至19世纪的欧洲，形成了一股浪漫主义文学潮流，尤其是19世纪，浪漫主义文学的艺术特点与童话的艺术特点有着天然的契合，即重想象、重夸张、重视民间文学。这也是童话在欧洲崛起的一个原因。

1697年法国贝洛的《鹅妈妈的故事》、1812年德国格林兄弟的《格林童话》，相继破土而出。它们均源自民间故事，在记录整理中都加强了文学性。

　　现代学者们将这些童话称为"中间状态童话"，因为它们前面是历史悠久的"无名氏童话"，而后面又有新生童话，即"创作童话"。两者之间的过渡人是德国作家豪夫，他的代表作《冷酷的心》所呈现的不是简单地移植民间故事，而是给予了故事精心的艺术加工，却让人感觉不出有原本。

　　而真正的文学童话作家第一人，是1805年出生、1835年开始童话创作的丹麦人——安徒生。

　　与贝洛、格林兄弟不同，安徒生的童话创作一开始就是专意为儿童写的（贝洛是为了发泄对当时法国文艺沙龙僵死的古典主义风气的不满，才以诗人的意趣改写民间童话的。格林兄弟则是为了研究语言、编写历史和研究历史，才收集民间童话的）。安徒生在一封写给朋友的信中说："现在，我开始写'儿童童话'了，您瞧着吧，我要把下一代给赢过来！"还说："我用我的一切感情和思想来写童话，但同时我也没忘记成年人。当我写一个讲给孩子听的故事的时候，我永远记住他们的父亲母亲也会在旁边听，因此，我也给他们写一点儿东西，让他们想想！"

　　在安徒生的童话里，人性所有的宽广而又博大的情怀，人生所有的明亮而又蕴藉的情愫，艺术所有的元素——抒情、反讽、荒诞、幽默、隐喻、象征等等，都一一呈现。房子会说话，老街灯会说话，亚麻会说话，瓶子、玻璃碴、衬衣领、一根针也都会说话……所有的物件都被作家赋予了鲜活的生命，都会说话，都有思维、思想，都可以当故事里的主人公。这是之前所不曾有过的。

　　安徒生的童话首先是献给儿童的，同时也是馈赠给全人类的精神瑰宝，其艺术魅力天长地久。如《皇帝的新装》，至今仍有现实意义，可以折射当今的国民心态（如面子工程、大吃大喝等）。

二、童话创作

（一）童话眼

童话的核心是幻想、夸张、荒诞、奇异——这也是童话的命根子。

构思童话需要有一个"核"，或曰"童话眼"。

"童话眼"取决于作者的想象力，它也决定了童话的走向。这个"眼"必须是崭新的、奇异的，前人没有用过的。林格伦的《小飞人卡尔松》里的"童话眼"是飞来飞去的小男孩卡尔松；洪汛涛的《神笔马良》里的"童话眼"是那支神笔；安徒生的《皇帝的新装》里的"童话眼"是那身肉眼看不见的衣服。

我的《装在橡皮箱里的镇子》《满嘴珠光宝气》《狼先生和他的大炮》，也是先有了"童话眼"，之后才构思故事。

《装在橡皮箱里的镇子》片段：

橡皮镇远近闻名，但别人很难找到它。为什么？因为老镇长，就是那个叫老橡皮的人总喜欢把小镇藏起来。藏在哪儿？藏在一只大橡皮箱里。

又有人慕名而来。是个修鞋匠，也背着一只箱子，但他的箱子远不及老橡皮的大。他想到橡皮镇上逛一逛，说自己找了三十年，才找到橡皮镇，打开小木箱，里面装着二百多双破鞋。老橡皮镇长被感动了，同意他到镇里逛逛，说："不过，你得闭上眼睛。"

鞋匠闭上眼睛。老橡皮打开了橡皮箱，把他抱进去。

橡皮箱里装的就是远近闻名的橡皮镇，啊哈，那真是个不同寻常的镇子！修鞋匠闭着眼睛东摸摸，西捏捏，他的手一下捏到一条大狗的鼻头上，"呜汪!"大狗想咬他。大狗正在打瞌睡呢。这是中午，天热得很，橡皮镇的居民都在睡午觉，狗也犯困，狗睡觉最讨厌有人打搅了。

修鞋匠说："啊哈，这狗的鼻子是橡皮做的，这么有弹性，它的身子也是用橡皮做的吗？"修鞋匠继续摸着，摸到了房子，门，窗，房子里面的桌、床，还有电视、冰箱。最后他摸到了睡觉的人。"人也是橡皮做的吗？"他问。

"是啊。你轻一点儿，别摸醒了他们。女人就不要摸了。"老橡皮说。

"不摸了，不摸了。现在我总算知道橡皮镇的人为什么个个都像芭蕾舞演员了，原来都是用橡皮做的呀，真是百闻不如一摸，你们橡皮镇是个名副其实的橡皮镇。"修鞋匠想在这里定居，老橡皮不答应，他就拿修鞋钉子把自己的两只脚钉在了镇街上。老橡皮火了，要拔掉他，却发现他脚板下面涂了万能胶，并且那家伙是牛皮筋做的，拔一下，抻得老长老长。

《满嘴珠光宝气》里，小男孩贾踢清晨起床发现自己的牙齿是一些翡翠玛瑙，这就是"童话眼"。

《狼先生和他的大炮》里的大炮是"童话眼"，它通人性，它会生气，会发脾气，会偷东西。

（二）童话的语言

童话要讲究童趣，童话的语言也要讲究童趣。

这里引用汪曾祺先生对小说语言的一段精辟的言论，这段话对我们有帮助。汪老说，写小说就是写语言，语言不只是一种形式、一种手段，应该提到内容的高度来认识。语言不只是外部的东西，它是和内容（思想）同时存在，不可剥离的。语言不能像橘子皮一样，可以剥下来，扔掉。世界上没有没有语言的思想，也没有没有思想的语言。往往有这种说法：这篇小说写得不错，就是语言差一点儿。我认为这种说法是不能成立的。就像我们不能说这首曲子不错，就是旋律和节奏差一点儿；这幅画不错，就是色彩线条差一点儿。我们不能这样说。语言是小说的本体，不是附加的，可有可无的。从这个意义上讲，写小说就是写语言。小说使读者受到感染，小说的魅力之所在，首先是小说的语言。小说的语言是浸透了内容的，浸透了作者的思想的。语言的粗糙，就是内容的粗糙。

这段话同样适用于童话创作。

写童话就是写语言，通过语言，传递给小读者阅读兴趣，不管是诙谐俏皮的语言、抒情的语言、像大木头一样笨拙的语言，还是像花蕾初绽般的青涩的语言，都是带着内容（思想）的，带着灵性的，都会让小读者从中感受到美。童话一定要讲究语言。语言不仅仅是日常人们生活工作的交流工具，语言本身是带思想的。语言在文学创作中就像汽车的引擎，启动我们的思想。语言是我们表达情感的出口，也是留住我们情感的载体。当今，有的作者受网络语言影响，写作速度快，忽略了对语言的推敲，这是对文学的亵渎，危害无穷。

（三）童话的人物

那些把小狗、小猫、小兔写成会说话却缺少属性、缺少个性的作品，都算不上是童话。无论写动物、写植物，还是写星星、写月亮，都要体现出物性，或曰属性。

如安徒生的《织补针》，那根有思想会说话的织补针既具鲜活的物性，又具生动的人物个性。

我写的《西瓜越狱》里的西瓜，也在它的物性与个性上下了功夫。

《西瓜越狱》片段：

有一只土耳其西瓜，已经熟了，它不愿被人吃，在一个漆黑之夜它斩断了镣铐（瓜蒂）从臭水沟那边逃出瓜园。

这实属越狱行径。因此，它首先想到洗澡，干净些才不像越狱者。但它跳进了大粪池里，它误以为那是水塘！爬上来后，它满身大粪。而这时瓜农的手电筒从远处向这边照来，它赶紧藏进一间鸭舍里，假装自己是个旅行家到这里借宿。

"这是女生宿舍嗳！"母鸭子们一起吼。

"我是男生吗？"土耳其西瓜说。

"臭流氓，臭死了！滚！"母鸭们把臭烘烘的西瓜赶跑了。

（四）童话的细节

和小说、戏剧一样，童话也需要细节的滋润，否则就是干瘪的，干巴的。

细节是相对情节而言的，是无限的。所谓细节，就是事物的细微组成部分。如果说情节是因、是果，细节就是从因到果的过程。人看世界其实是看细节，如果我们看不到细节，就等于什么都没有看到。尤其是一个儿童，他来到一个陌生的地方，眼睛总是盯在细小的东西上。看一个人也是，总是盯着小细节，或者说小犄角旮旯上。其实，孩子观察事物的方法是对的，如果抹去了细节，世界是空洞无物的。

细节对文学创作、对童话创作是非常重要的。细节能给人以现场感。细节是令一部作品精致、生动的所在。

《苹果树上的傻苹果》里的细节：

> 小虫挖隧道，小牙齿啃苹果飞快，像缝纫机的针，咔咔咔，咔咔咔。小虫的肚子是透明的，看得见里面的五脏。

心存很多好细节，写作中心就不慌，就像农民说的——粮满仓、心不慌，就可以洋洋洒洒地写下去。

有的细节也可以作为孕育一篇童话的卵子或精子。

细节是从记忆中来的，细节是从观察中来的。其实我们在平常的观察，好多是无意识的观察，或者说是不自觉的观察，一旦我们想写作就变成了有意识的观察、自觉的观察。观察要求我们始终要保持一颗好奇心，或者说要保持一颗童心。你对什么事情都要有兴趣，别人不感兴趣的，你要感兴趣，别人不愿意看的，你要把你的好奇心、童心调动起来看一看。前几年我创作一部儿童电视剧，涉及汽车修理的细节，憋得很难受！万万不可闭门造车，写剧本是展现过程的艺术，不像小说还可以含糊过去。我说，走，去汽车修理铺找细节去。

安徒生的《织补针》中充满闪光的细节，也许他本人就会做针线活。他都会剪纸啊，剪得那样细腻。

写作对素材的消耗量很大，很多细节我们都会用得着，这就要求我们保持观察的意识和观察的状态，要不然的话很多好的细节都会错过去。

细节是听来的。有时候你偶尔听到一个细节，一下就激发了你的灵感，写成一篇或一部作品。这要求你做一个有心人，你的心必须是有准备的心，你的耳朵必须是有准备的耳朵。举例：我在公交车上听细节，才知道同学们管英语老师叫"老英"；我也在酒桌上听细节，有一次听到女孩因太高太胖被叫作"大象"，《快乐的同桌》就写了一个秦大象。

细节也可以想象。好多作家的创作谈里，认为情节可以想象，但细节很难想象，如果你没有见过、经历过，细节是想象不出来的。

结束语

按理讲，写小说、写童话、写诗歌散文是不可以传授的，因为这属于灵性的东西，灵性这玩意儿有时是学不来的，就像我没有写诗的灵性……不光我们中国有作家班、文学系，外国也是有作家班的。美国的作家班，主要是讲写作技巧。分析一篇小说，把一篇小说掰开了、揉碎了来讲，比如：小说怎么开头，怎么设计情节，怎么样利用细节，怎么样选择细节，怎么样使用语言，怎么样营造氛围，然后怎么样结尾，等等。所以，听讲座还是有用的。记得1980年，我的一位文友周玉成说，把莫泊桑的《羊脂球》读它几十遍，拆开，组装，就会发现秘密。我试了后，没有效果。倒是听过很多知名作家如王蒙、刘心武、王安忆，以及著名画家叶浅予、漫画家华君武的讲座，虽然当时有的地方听得囫囵半片，但对催发自己的文学创作萌芽，尤其是坚定信念还是大有益处的。学任何手艺像吃饭一样，都需要一个咀嚼、吞咽、消化、吸收的漫长过程，不可能吃下食物瞬间就变成了营养。

（此文为作者2013年在辽宁文学院"儿童文学创作研讨班"上的讲稿）

与《儿童文学》的仁爱并行

○ 车培晶

　　20世纪80年代中期，我报名参加了《儿童文学》举办的函授讲习班。那时我虚岁三十，而在儿童文学写作方面，是一只刚刚破壳的小龟（只发表过两三篇小童话），所幸的是，小龟遇到了一位名字叫刘滢的编辑，她担任函授讲习班老师。

　　上函授班要交作业的，我第一次寄去的作业是一篇小说习作，很短，两千余字，题目是《撵鸭上架》。没过几天便收到了刘滢老师的回信，很长，一千来字吧，用蓝色圆珠笔写的，文字洒脱，热情洋溢，亲切暖人。我像捧圣书一样捧着它，读了N遍。在信中，刘滢老师对我的习作做了鼓励式的肯定，并提出一些可操作的修改意见，还嘱咐我说，好文章是改出来的。于是，我重写了一稿。后来经刘滢老师再次指点，我又做了修改。最终《撵鸭上架》刊登在函授讲习班的内部小刊上，最令我高兴的是，封二印了我的照片。那张照片具有特殊意义，它是当年我向一位姑娘（就是我后来的妻子）求爱时用的，它居然变成了印刷品！毋庸置疑，这对我的鼓励是巨大的。

我把小刊和刘滢老师的信像宝贝一样锁在一只铁皮盒子里。当年，这铁皮盒子等于我家的保险柜，内装粮票、国库券、毕业证、结婚证之类的贵重物。遗憾的是那年家里进了小偷，小偷把铁皮盒子抱走了。我不心疼里面的票券证件，我心疼刘滢老师的手札！去派出所报案了，而后又几次去问民警小偷有无归案，可每次民警都说正在进行中。我无比郁闷。

不过，刘滢老师的谆谆教导已被我牢记在心，它鼓足了我这只小龟爬格子的勇气，我发奋写作，按刘滢老师说的那样不轻易投稿。不久，我的小说《野鸽河谷》在《儿童文学》上发表了，并且排在《文学佳作》栏目里。那是我第一次给《儿童文学》投的小说稿子，它还获得了《儿童文学》创刊三十周年征文（与台湾《新生报》合作）佳作奖。直到十几年后去北京参加《儿童文学》举办的研讨会，我才有机会见到了刘滢老师，她给我的第一眼印象简直就是观音菩萨！华发白肤，慈眉善目，安安静静。

后来，我又遇见了另一位"观音菩萨"——徐德霞老师，是在20世纪90年代初《儿童文学》在大连召开的一次笔会上。之前，徐德霞老师的作品我读过不少，人是第一次见到，她的样子与她的作品一样温馨可人，谈吐轻声细语，像怕惊扰了你，脸上永远写满三月阳光般的和蔼，任何寒冰都会被融化。她总是善于发现作者的优点，哪怕是一丁点儿，用暖暖的话语或默默的微笑鼓励你。她和刘滢老师一样，都是我心目中形象化、拟人化了的《儿童文学》。她们都和冰心老人一样，有着一颗慈善仁爱的心和细雨般的柔肠——在我的理解中，这就是给孩子们的文学——儿童文学。

时至今日，每每想到这两位好编辑、好老师，心中依然感慨万千。可以这么说，我首先是由于接近了像刘滢老师和徐德霞老师这一类人，受到了善良的沐浴、滋润，才理解了《儿童文学》的精神、儿童文学的意义，爱上了为孩子们写作。我写的小说也好，童话也好，其基本命题都是仁爱与平等。一本好杂志，和办一本杂志的好人，对世界的影响太大了！

如今，《儿童文学》之所以能有超百万的发行量，成为中国少儿期刊的一大品牌，我想，这与它一贯倡导并身体力行的仁爱精神是分不开的。借创刊五十周年之际，我由衷地向《儿童文学》和办这本杂志的人，道一声：谢谢你们的仁慈仁爱！

（本文收录于《时光传奇》一书，中国少年儿童出版社2014年出版）

作品展示

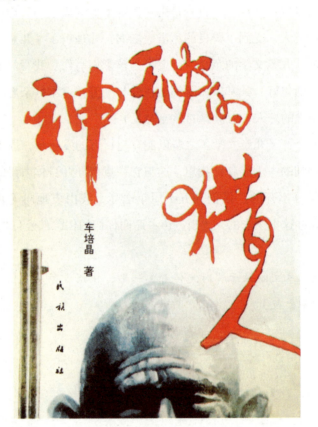

短篇儿童小说集《神秘的猎人》

    本书由民族出版社1993年出版，是作者的第一部儿童小说集，获得第三届全国优秀儿童文学奖。书中收录了作者在1989—1993年期间创作的二十三篇短篇小说，作品融入了少年苦难意识，从中可见作者早期作品的特点。

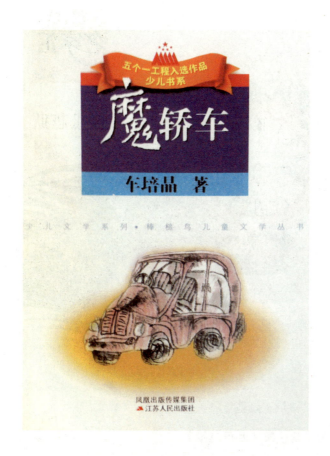

中短篇童话集《魔轿车》

　　这是作者的首部童话集，收录作者早先创作的十五篇（部）童话。1996年由沈阳出版社出版，2008年由江苏人民出版社再版。曾获中宣部第六届"五个一工程"奖。作品融童话与小说的特点于一体，既荒诞神奇、意趣横生，又深入透彻、栩栩如生。

短篇童话集《西瓜越狱》

　　《西瓜越狱》是作者自己最为得意的一本童话集，选入的十六篇作品堪称作者童话创作的最佳篇章。作品不论是铺展天马行空的幻想，还是怪诞冷静的描述，皆满载儿童思维的特点。此书列入"《儿童文学》名家汇"第一辑，中国少年儿童出版社2013年出版。

短篇儿童小说集《纸灯笼》

　　本书以作者最近几年发表的作品为主，选入十三篇不同风格的小说，作为春风文艺出版社"国内大奖书系"之一于2015年出版。小说以细腻的笔触，塑造了一个个生动的形象，抚平了儿童不可回避的成长的忧伤。作者饱含一种责任去呵护童心，为使儿童成长的羽翼丰满而有力量，从中也可领略作者小说创作不断变化的痕迹。

长篇小说《爷爷铁床下的密室·第七个钥匙孔》

　　春风文艺出版社2001年出版，二十一世纪出版社2012年推出修订版，发行逾二十万册。小说讲述一个叫薄荷巷子的地方，三百年前就开始流传种种神秘的故事。男孩阿培无意中得到了一串形状非常的钥匙，打开了爷爷大铁床底下的一座密室，密室里沉睡着的一战中阵亡的协约国将士的幽灵苏醒了……小说扑朔迷离，悬念迭起，看似写探秘故事，实则表现少年的情感世界。

长篇童话《狼先生和他的大炮》

　　春风文艺出版社2004年出版，二十一世纪出版社2012年发行拼音版，印数逾十五万册。故事中的狼先生善良、胆小、爱面子，他家很穷，有九个非常能吃的孩子和一个爱嗑瓜子的太太。一天，狼先生得到了一门会发脾气的大炮，于是，贫穷的日子多了喜与忧。作品构思奇异，童趣扑面。

艺术年表

1956年	10月26日出生于大连市中山区岭前街五十三号。
1964年	就读于大连市捷山小学。
1969年	春季随父母下放庄河县塔岭公社落户，跳级一年就读庄河第四中学。
1972年	画作《隆隆春水育新苗》入选大连市中小学生美展。
1974年	中学毕业回乡务农，任民兵排长、生产队副队长。
1977年	参加"文革"后全国首届高考，考取大连师范学校美术班。
1979年	任大连第五十二中学美术教师。
1980年	工余时间就读于大连工人大学中文系。
1984年	发表连环画《活斧头》（山东《幼儿园》杂志）、童话处女作《眼镜国》（辽宁《新少年》杂志）。
1986年	漫画作品《什么都吃的兔子》入选大连、青岛、宁波、无锡四城市漫画联展。
1987年	参加《儿童文学》创作函授班。

发表儿童小说处女作《慢半拍》（河南《金色少年》杂志）。

1989年　参加《新少年》与辽宁儿童文学会在兴城举办的暑期笔会
　　　　发表连载童话《大嗓门啦啦队》（湖北《小朋友画报》杂志），该作与周锐、朱效文作品合集出版单行本，高洪波作序（湖北少年儿童出版社）。

1990年　任大连第五十二中学政教处主任。

　　　　短篇小说《墨槐》在辽宁《新少年》发表，被《儿童文学选刊》选载。

　　　　短篇小说《樱子河的月亮》发于辽宁《文学少年》头题，并被《儿童文学选刊》选载。

　　　　发表连载童话《纽扣遥控开关》（湖北《小朋友画报》杂志）。

1991年　发表短篇小说《大年初一》（上海《少年文艺》杂志）、《叶红叶落》（江苏《少年文艺》杂志）。

1992年　参加上海《少年文艺》舟山笔会。参加《儿童文学》与《新少年》联合举办的金秋笔会。

　　　　由大连第五十二中学调入沙河口区教育局任秘书兼办公室副主任。

　　　　发表首篇抗日题材小说《狗房子》（上海《少年文艺》杂志），被《儿童文学选刊》选载。

　　　　短篇小说《墨槐》收入《中华儿童文学作品精选》一书，叶君健作序。

1993年 调入大连团市委新创办的少年大世界杂志社任编辑、编辑部主任。

自费结集出版个人首部短篇儿童小说集《神秘的猎人》（民族出版社）。

发表短篇小说《野鸽河谷》（《儿童文学》杂志），该作获海峡两岸儿童文学征文佳作奖。

《野鸽河谷》《狗房子》《大年初一》收入《中国当代创意性儿童小说选》（明天出版社），配有上海师范大学博士生导师梅子涵教授的评论。

1994年 调入大连教育电视台，任记者、总编室副主任。

出版童书《聪明故事》《动物智慧岛》（辽宁师范大学出版社）。

散文《逃避星期天》获《大连晚报》征文一等奖。

1995年 发表短篇小说《纸灯笼》（上海《儿童时代》杂志头题），并被《儿童文学选刊》选载。

短篇小说集《神秘的猎人》获辽宁省儿童文学评奖二等奖。

1996年 任大连教育电视台新闻部主任。

短篇小说集《神秘的猎人》获中国作家协会第三届全国优秀儿童文学奖，是年5月赴北京参加颁奖大会。

6月，短篇小说《纸灯笼》获陈伯吹儿童文学奖。

7月，大连市委召开"车培晶、素素庆功表彰会"。

9月，出席在北京举办的全国儿童文学创作研讨会。

出版首部个人童话集《魔轿车》（沈阳出版社）。

短篇小说《狗房子》《大年初一》收入《中国儿童文学新典》（上海远东出版社）。

短篇小说《墨槐》被译介至日本。

1997年　成为辽宁文学院首届签约作家。

童话集《魔轿车》获中宣部全国第六届精神文明建设"五个一工程"奖作品入选奖。

出版长篇儿童小说《你好，棕熊》（福建少年儿童出版社）。

出版长篇动物小说《响尾姥鲨》（湖南少年儿童出版社）。

在《儿童文学》杂志上发表的短篇小说《红麻山下的故事》被《儿童文学选刊》选载。

短篇童话《村里有个喇叭匠》获上海《童话报》"金翅奖"。短篇小说《大年初一》被译介到日本。

中篇小说《老骡，老骡》于《海燕·中短篇小说》头题发表，被河南《传奇文学》转载。

1998年　任大连电视台栏目制片人。

参加四川少年儿童出版社举办的海螺沟长篇小说创作笔会。

长篇动物小说《响尾姥鲨》获第十届中国图书奖。

短篇童话《装在橡皮箱里的镇子》发表于《儿童文学》杂志《文学佳作》栏目，并获该刊年度优秀作品奖。

出版长篇童话《装在橡皮箱里的镇子》（四川少年儿童出版社）。

短篇童话《老好邮差》发于上海《童话报》头题，被《儿童文学选刊》选载。

短篇小说《白狗》《月宫里的冰雕》被译介到日本。

1999年　当选大连市儿童文学学会会长。

成为辽宁文学院第二届签约作家。

长篇童话《装在橡皮箱里的镇子》获辽宁省儿童文学评奖一等奖。

短篇小说《绣花窗帘遮着的门》发表于福建《小火炬》杂志头题，并被《儿童文学选刊》选载。

短篇小说《墨槐》被编入全国中等师范大专班教材。

短篇小说《纸灯笼》被译介到日本。

2000年　任大连电视台时代动画公司副总经理。

短篇童话《满嘴珠光宝气》发表于《儿童文学》《文学佳作》栏目，并获该刊年度优秀作品奖。

出版长篇童话《捡到一座城堡》（安徽少年儿童出版社）。

出版长篇童话《变形蟹阿圆》（福建教育出版社）。

短篇小说《野鸽河谷》收入《中外动物故事精选》（中国少年儿童出版社）。

短篇童话《老好邮差》收入《中国童话故事》（中国少年儿童出版社）。

2001年　短篇童话《瘦狼和胖狼》入选中国作家协会选编的《2000中国年度最佳儿童文学》（漓江出版社）。

出版儿童长篇小说《爷爷铁床下的密室》（春风文艺出版社）。

短篇小说《野鸽河谷》收入《百年中国儿童文学精品文丛》（新世纪出版社）。

2002年 出席第六届亚洲儿童文学大会。

短篇童话《快乐在每个角落里都会发生吗》与《满嘴珠光宝气》入选中国作家协会选编的《2001中国年度最佳童话》（漓江出版社）。

《满嘴珠光宝气》与《装在橡皮箱里的镇子》被《儿童文学选刊》同期头题选载，刊有上海文学评论家的评论。

出版儿童长篇小说《我的同桌是女妖》第一卷（春风文艺出版社）。

童话《亚丹丹家的房子》被上海《童话报》全年连载。

2003年 被聘为大连大学客座教授。

短篇小说《听，野人的声音》获首届中日友好儿童文学奖提名奖。

童话《雪镇上的美丽传说》入选中国作家协会选编的《2002中国年度最佳童话》（漓江出版社）。

出版长篇童话《狼先生和他的大炮》、长篇小说《我的同桌是女妖》第二卷（春风文艺出版社）。

长篇小说《我的同桌是女妖》被评为2003年大连市有影响的十部作品。

短篇小说《听，野人的声音》收入《21世纪中国文学大系》。

短篇童话《村里有个喇叭匠》收入《中国现代经典童话》（台湾联经出版社）。

长篇小说《轻轻地，放下手术刀》被北京《校园文学》杂志全年连载。

2004年 获大连市政府文艺最高奖"金苹果"奖。被评为大连市文艺界十位有影响的人物。

出版科普童话集《吃皮鞋的老轿车》（广东教育出版社）。

出版长篇儿童小说《我们的老师是狐仙》（春风文艺出版社）。

科普童话集《吃皮鞋的老轿车》获冰心儿童文学奖。

短篇动物小说《母狼阿姆》收入台湾民生报社出版的《动物故事杰作选》。

2005年 当选大连作家协会副主席。

参加春风文艺出版社与吉林新华书店举办的文学讲座暨作品签售活动。

担任编剧的五幕儿童科幻话剧《Happy教室》公演，该剧获第四届全国青少年戏剧、曲艺大赛金奖编剧奖。

长篇童话《狼先生和他的大炮》获辽宁未成年人优秀文艺作品奖。

出版中短篇小说集《沉默的森林》（辽宁少年儿童出版社）。

出版长篇小说《亲亲我的白龙马》（春风文艺出版社）。

童话《满嘴珠光宝气》《雪镇上的美丽传说》《瘦狼和胖狼》收入《全国优秀儿童文学精选集》（中国少年儿童出版社）。

中篇小说《模特橱窗里的隐秘》由北京《校园文学》杂志连载。

2006年 获大连市"支持妇女儿童事业贡献奖"。

随大连市艺术家代表团赴西藏采风。

出版三卷本儿童长篇小说《同桌哆来咪》（春风文艺出版社）。

根据五幕儿童科幻话剧《Happy教室》改编的同名动画片获辽宁省精神文明建设"五个一工程"奖。

短篇童话《装在橡皮箱里的镇子》收入《中外童话鉴赏辞典》（上海辞书出版社）。

短篇童话《跑起来呀，小木床》《盲女孩》收入《40年儿童文学名家名作经典荟萃》（中国少年儿童出版社）。

2007年 被评为大连市宣传文化系统"六个一批"人才。获大连市关心少年儿童成长"热心人"称号。

随大连艺术家代表团赴西南采风。

中短篇小说集《沉默的森林》入选国家新闻出版总署首届"三个一百"原创图书出版工程，并获第九届团中央

"五个一工程"奖和辽宁省精神文明建设"五个一工程"奖。

短篇小说《墨槐》收入《东北少年小说选》（台湾民生报社出版）。

短篇童话《装在橡皮箱里的镇子》收入台湾出版的童话选集。

短篇小说《野鸽河谷》、短篇童话《装在橡皮箱里的镇子》收入《〈儿童文学〉典藏书库》（中国少年儿童出版社）。

2008年　成为北京奥运会辽宁站火炬手。

担任辽宁省儿童文学评奖委员。

创作六十集校园情景剧《快乐的同桌》剧本，由中央电视台与大连电视台联合摄制，并在中央电视台多次播出。

短篇童话《瘦狼和胖狼》《快乐在每个角落都会发生吗》《满嘴珠光宝气》《雪镇上的美丽传说》收入《2000—2006年全国优秀儿童文学精选集》（中国少年儿童出版社）。

小说《同桌哆来咪》收入《2007中国最佳故事》（湖南少年儿童出版社）。

童话集《魔轿车》被江苏凤凰出版集团作为"五个一工程"作品再版，并译成越南语在越南出版。

2009年　《快乐的同桌》获第二十七届中国电视剧"飞天奖"儿童

剧三等奖、辽宁省精神文明建设"五个一工程"奖，入选大连市十部有影响作品。

短篇童话《老好邮差》收入《中国儿童文学大系》（希望出版社）。

短篇动物小说《生命》收入《〈儿童文学〉典藏书库》（中国少年儿童出版社）。

短篇童话《装在橡皮箱里的镇子》收入《世界华文优秀儿童文学精选》（同心出版社）。

2010年　担任辽宁省儿童文学评奖委员。

随大连市艺术家代表团赴华东采风。

出版六卷本儿童长篇小说《快乐的同桌》（春风文艺出版社）。

协助大连出版社策划出版"儿童校园亲情小说"丛书，并为此丛书创作长篇小说《9号萤火虫》。

短篇小说《班主任糗事记》发于《文学少年》头题，被《儿童文学选刊》选载。

短篇小说《飞机效应》发于北京《读友》头题，配有短评，并被《儿童文学选刊》选载，刊有评论。

抗日题材短篇小说《狗房子》被译介到日本。

短篇童话《拜托，不要来那么多》发于《儿童文学》杂志《领军佳作》栏目，刊有作者创作谈及评论家评论，次年被《儿童文学选刊》头题选载。

2011年　随大连作家代表团赴韩国访问。

短篇小说《小丈夫传说》发于《儿童文学》杂志《文学佳作》栏目头题，配有作者创作谈及评论家评论，被《青年文摘》选载。

短篇小说《保卫马闽》发于北京《读友》头题，配有短评，并被《儿童文学选刊》选载，配有评论。

《装在橡皮箱里的镇子》收入《中国儿童文学分级读本》（浙江少年儿童出版社）。

童话《一架梯子的一辈子》发于江苏《少年文艺》杂志。

童话《幸福的豆腐猪》于《少年大世界》全年连载。

2012年 短篇小说《小丈夫传说》获首届儿童文学金近奖，出席在浙江上虞举办的颁奖大会。

参加二十一世纪出版社与沈阳新华书店举办的文学讲座暨作品签售活动。

短篇小说《保卫马闽》入选中国作家协会选编的《2011中国年度儿童文学》（漓江出版社）。

《爷爷铁床下的密室》《我的同桌是女妖》（1—2卷）由二十一世纪出版社推出修订版本。

短篇童话《西瓜越狱》发表于江苏《少年文艺》，被《儿童文学选刊》选载。

短篇小说《向日葵一样的曹日红》发表于《文艺报》，被《青年文摘》选载。

短篇童话《月光下的新婚兔》收入《全国优秀儿童文学精选集》（中国少年儿童出版社）。

创作的儿童系列情景剧《插班生》第一季（七集）于大连电视台播出。

2013年　应邀为辽宁文学院首届儿童文学作家培训班讲课。

出版全彩版本童话集《西瓜越狱》（中国少年儿童出版社）。

长篇童话《狼先生和他的大炮》由二十一世纪出版社推出注音版。

短篇小说《夜街》收入《2012年中国优秀儿童文学作品集》（浙江少年儿童出版社）。

短篇小说《野鸽河谷》《模特橱窗》《小丈夫传说》和短篇童话《装在橡皮箱里的镇子》收入《〈儿童文学〉头条·创刊50年最精粹之作》（中国少年儿童出版社）。

创作的儿童系列情景剧《插班生》第二季（十集）于大连电视台播出。

2014年　获辽宁省全民阅读活动"最佳写书人"称号。

担任第二届"大白鲸世界杯"幻想儿童文学奖终评评委。

出版全彩色注音版童话集《吃皮鞋的老轿车》（北京教育出版社）。

再版长篇小说《同桌哆来咪》全彩印三卷本（贵州人民出版社）。

短篇小说《表妹开花》发于北京《东方少年》杂志《佳作》栏目头题。

创作的儿童系列情景剧《插班生》第三季（十集）于大连电视台播出。

2015年 出席中宣部与中国作家协会举办的全国儿童文学创作出版座谈会议。

短篇小说《表妹开花》收入《中国儿童文学年度佳作2014》（贵州人民出版社）。

出版短篇小说集《纸灯笼》（春风文艺出版社）。

再版修订版长篇小说《月亮尖叫时》（现代出版社）。

重新出版三卷本长篇小说《同桌哆来咪》（四川文艺出版社）。

创作的儿童系列情景剧《插班生》第四季（十集）于大连电视台播出。